차례

얘들아, 다시 만나서 정말 반가워! • 6

최초의 발견 • 8

화석 • 10

괴짜 실험 • 12

음악 • 14

식물 • 16

이빨 • 18

동작 • 20

가상 현실 • 22

팩트 꼬리 물기 • 24

시간 • 26

우주 • 28

고대 이집트 • 30

뇌 • 32

감각 • 34

물고기 • 36

팩트 꼬리 물기 • 38

우주의 암석 • 40

황금 • 42

인체 • 44

피 • 46

식품 과학 • 48

보석 • 50

개미 • 52

스포츠 • 54

물리학 • 56

실험실 • 58

팩트 꼬리 물기 • 60

화학 • 62

원소 • 64

독 • 66

바다 • 68

거품 • 70

팩트 꼬리 물기 • 72

우주 • 74

깜짝 동물 발견 • 76

연구 기술 • 78

계절 • 80

미생물 • 82

화성 • 84

팩트 꼬리 물기 • 86

특이한 직업 • 88

뱀 • 90

빛 • 92

전기 • 94

친환경 과학 • 96

컴퓨터 과학 • 98

언어 • 100

팩트 꼬리 물기 • 102

공학 • 104

로켓 과학 • 106

- 고고학 • 108
- 과학이 풀지 못한 미스터리 • 110
- 블랙홀 • 112
- 색깔 • 114
- 눈 • 116
- 생존 과학 • 118
- 알 • 120
- **팩트 꼬리 물기 • 122**
- 결정 • 124
- 바위 • 126
- 날씨 • 128
- 태양 • 130
- 달 • 132
- 구름 • 134
- 물 • 136
- 음향과 소리 • 138
- 항해 • 140

- **팩트 꼬리 물기 • 142**
- 유전학 • 144
- 잠 • 146
- 게임 • 148
- 시력 • 150
- 도구와 장치 • 152
- 도구를 사용하는 동물 • 154
- 불 • 156
- 번개 • 158
- 흙 • 160
- **팩트 꼬리 물기 • 162**
- 생물 의학 • 164
- 인공 지능 • 166
- 새 • 168
- 깃털 • 170
- 털 • 172
- 중력 • 174

- **팩트 꼬리 물기 • 176**
- 빙하 • 178
- 농장 • 180
- 로봇 • 182
- 해양 생물 • 184
- 버섯과 곰팡이 • 186
- 공생 관계 • 188
- **팩트 꼬리 물기 • 190**
- 화산 • 192
- 광물 • 194
- 곤충 • 196
- 미래 과학 • 198

- 과학 퀴즈 • 200
- 찾아보기 • 201
- 팩토피아를 만든 사람들 • 205
- 참고 자료 • 206
- 사진 및 그림 출처 • 207

얘들아, 다시 만나서 정말 반가워!

자, 다들 실험복 챙겼어? 지금부터 수백 가지 과학 상식과 함께 팩토피아 여행을 떠날 거야. 과학이라면 왠지 딱딱하고 어려울 것 같다고? 천만의 말씀! 팩토피아를 즐겁게 여행하다 보면 저절로 머리가 똑똑해질 거야. 이를테면…

과학자들은 어떤 물체가 화석인지 돌인지 구분하기 위해서 혀로 핥아 본다는 거 알아?

과학자들은 가끔 아주 엉뚱한 실험을 하지! 우주 비행사의 똥을 가지고도 실험했으니 말 다 했지 뭐.

우주 얘기가 나왔으니 말인데, 달 탐사에 보냈다가 돌아온 씨앗을 지구에서 심고 키워서 '달 나무' 라는 이름을 붙여 주었어.

나무를 조심해!
샌드박스라는 나무의 씨앗은 폭발하면
시속 258킬로미터로 숲속을 질주하거든!

대단한 속도군. 하지만 잘 들어 봐.
세상에서 가장 빠른 개미는
몸집이 인간만큼 커지면 무려
시속 644킬로미터로 달릴 수 있대!

자, 팩토피아가 얼마나 특별한 곳인지 알겠지? 팩토피아의 모든 사실은 서로 연결되어 있어. 그것도 아주 재밌고 기발하게 말이야.

이 놀라운 과학의 세계를 탐험하면서 **깜짝 놀랄 만한 발견**과 **거친 날씨**, **멋진 도구**, **괴상한 직업**을 만나게 될 거야. 장담한다고. 페이지를 넘길 때마다 뭐가 나올지 기대해도 좋아!

참참, 팩토피아에 처음 온 친구들을 위해 설명하자면, 팩토피아의 길은 여러 갈래로 갈라져 있어. 가끔 샛길로 가다 보면 아주 엉뚱한 페이지(물론 팩트로 연결되어 있지)로 갈 수 있지. **책장을 요리조리 펼치느라** 손이 좀 바쁠걸? →

자, 호기심이 이끄는 대로 따라가 봐. 물론 처음부터 찬찬히 시작해도 되고.

그럼, 갈색 점선 지름길을 따라

도구와 장치부터 여행을 시작해 볼래?

152쪽으로 가시오.

영국인 메리 애닝은 열두 살에 고대 해양 파충류인 이크티오사우루스 화석을 처음으로 발견했어. 이크티오사우루스는 '**물고기 도마뱀**'이라는 뜻이야.

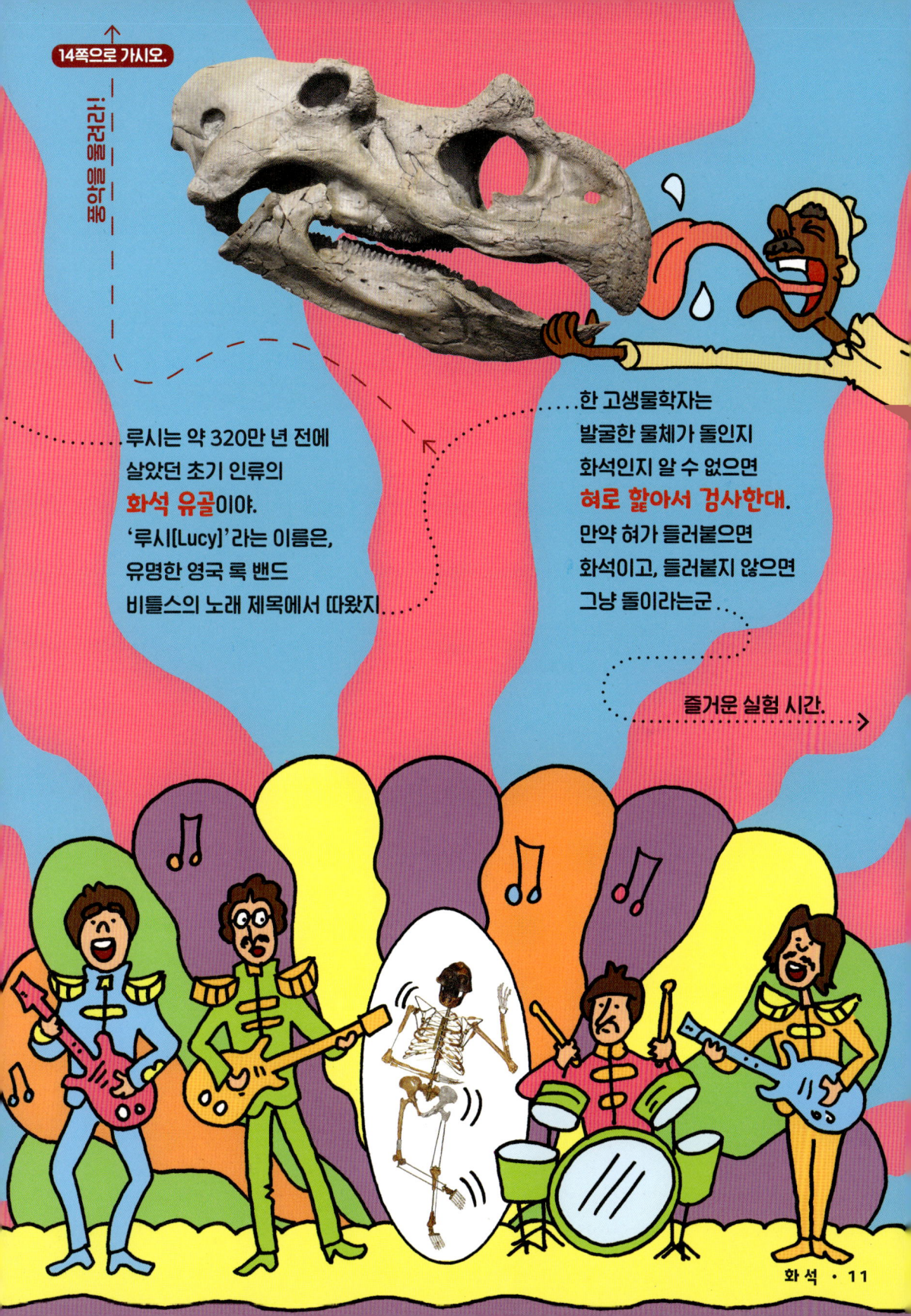

게임에 대해 더 알고 싶다면?
148쪽으로 가시오.

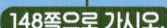

돼지의 지능을 연구하는 과학자들이
돼지에게 비디오 게임 하는 법을 가르쳤어.
그 결과, 조이스틱을 사용할 줄 알게 됐다지 뭐야.

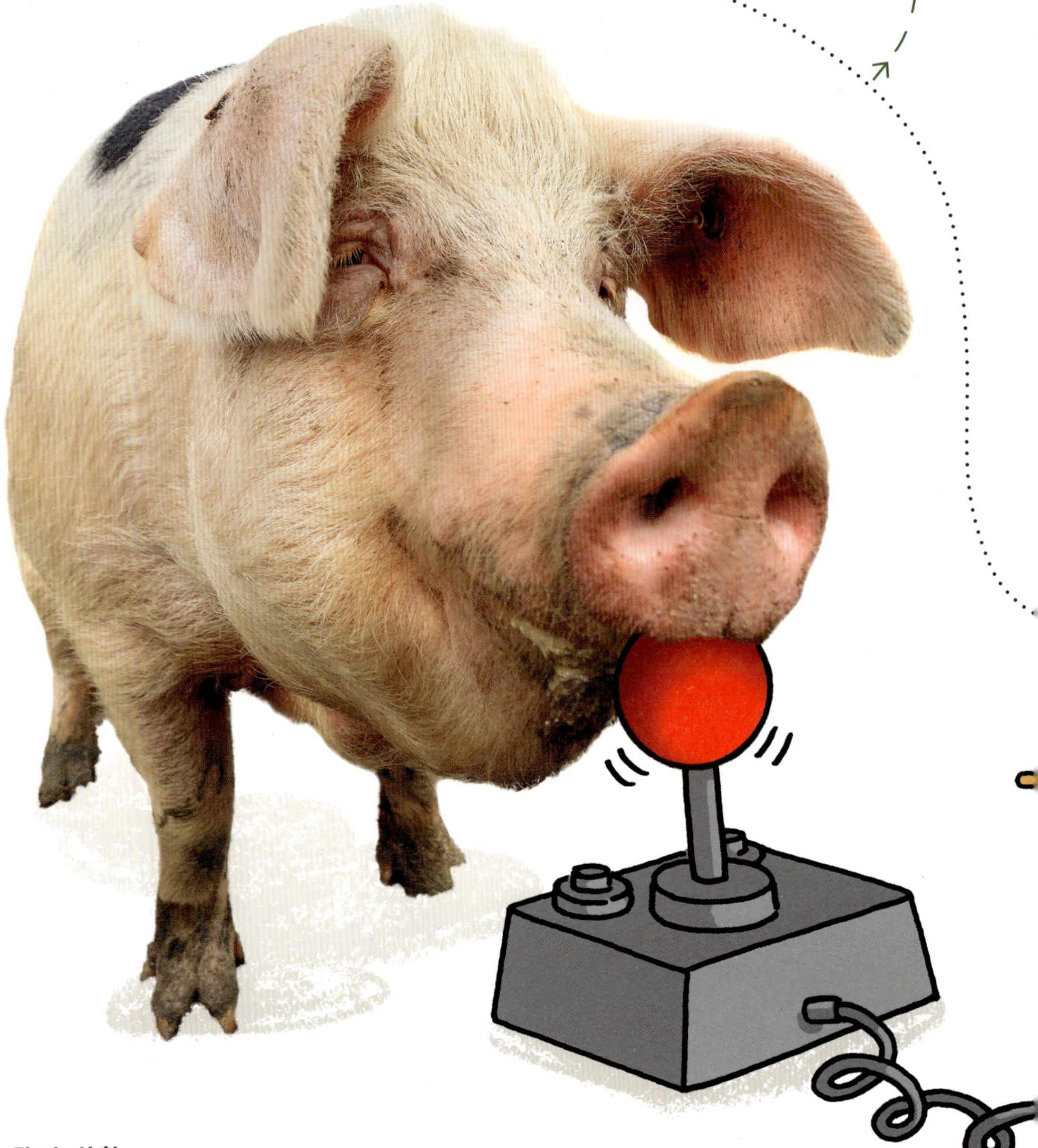

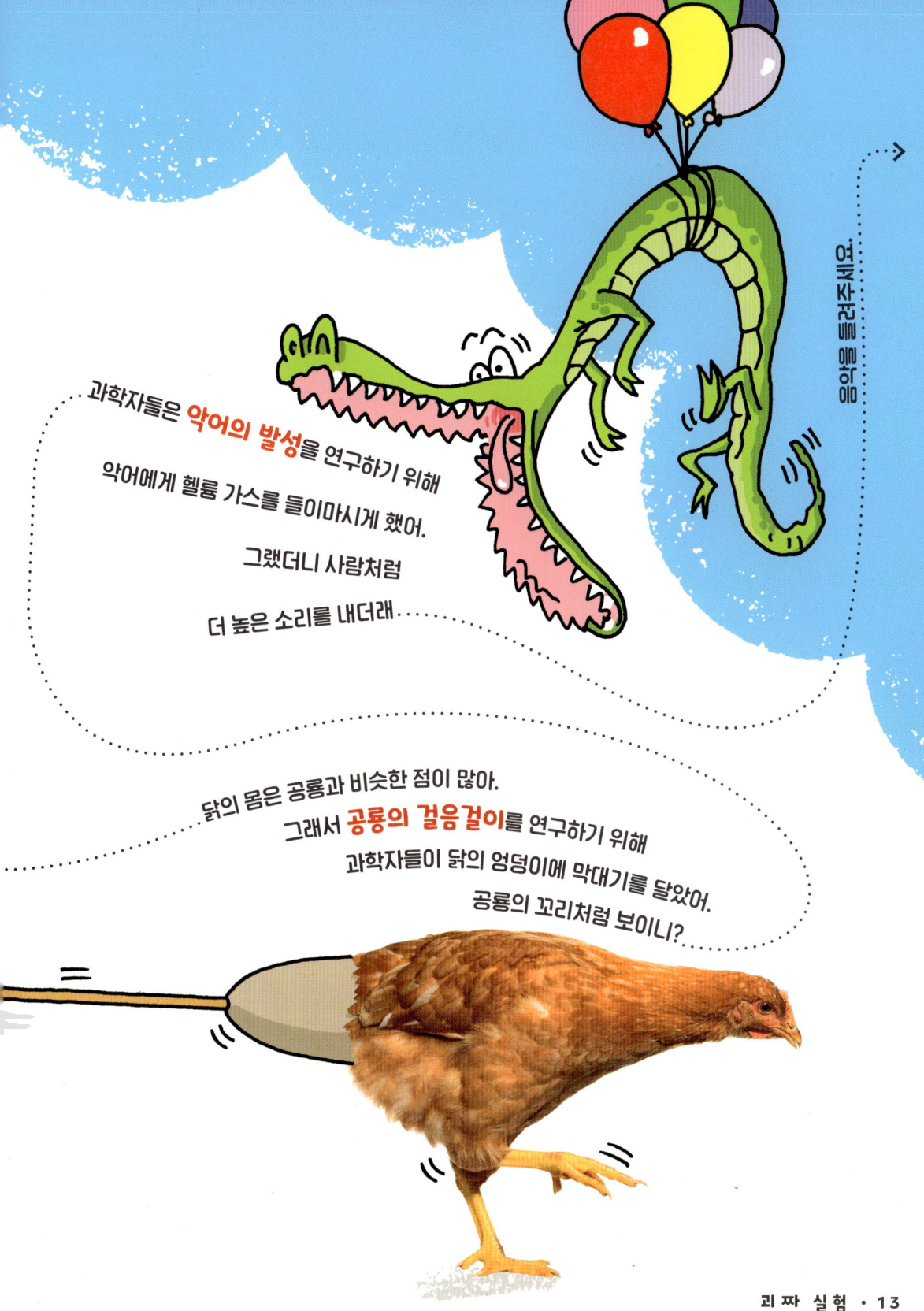

어떤 식물은
조용한 곳에 있을 때보다
음악을 들을 때
더 빨리 자란대……

↑ 158쪽으로 가시오.

거꾸로 가는 스케줄!

참나무는 유독 **벼락을 잘 맞는** 나무야. 키가 커서 다른 나무보다 높이 올라와 있고 몸통에 물이 많아서 전기가 잘 통하거든.

어떤 **식물은 이빨이 있어!** 사막바위쐐기풀에는 바늘처럼 생긴 털이 자라는데 인산칼슘으로 이루어져서 아주 튼튼해. 인산칼슘은 너희들의 뼈와 이빨을 만드는 재료이기도 해..

타이탄 아룸은 시체꽃이라고 불릴 정도로 **썩은 내가 진동하는 거대한 꽃**인데 스스로 온도를 32도 넘게 올릴 수 있어. 그러면 파리와 딱정벌레가 꼬여 들어 꽃가루를 옮겨 주지...

독 쏘여 따가워

식물 · 17

어떤 회사에서 **로봇 부츠**를 만들었어. 이 신발을 신고 가상 현실 장비를 착용하면 제자리에서도 여기저기 걸어 다니는 기분을 느끼게 하지...

또 다른 황당 소식으로,

...하지만 물속에서는 세 배나 더 빨리 헤엄치지.

최초의 가상 현실 기술 중에 1950년대 후반에 만들어진 센소라마가 있어. 도시에서 **오토바이를 타고** 질주하는 모습을 그대로 흉내 냈지. 참가자들이 오토바이의 매연 냄새까지 맡을 수 있었다니까.

어떤 의사들은 가상 현실을 이용해서 **수술을 연습**하기도 해.

가상 현실 기술은 사람의 **뇌를 교묘하게 속이지**. 그래서 화면을 보는 게 아니라 진짜 현실 세계에 있는 것처럼 착각하게 만들어. 그건 양쪽 눈에 조금씩 다른 이미지를 보여 주기 때문이야. 실제 사람의 눈에 보이는 대로 따라 한 거지.

독일의 서커스단 론칼리는 살아 있는 동물 대신
3D 이미지를 사용해서 코끼리, 사자, 말 등의 공연을 보여 준대.

증강 현실 기술을 사용해서
문자 메시지와 날씨 예보를 보여 주는
콘택트렌즈를 개발 중인 회사가 있어.
심지어 빛이 약한 곳에서도
더 잘 볼 수 있게 하나 봐.

가상 현실 • 23

타조는 눈이 자기 **뇌**보다 더 크대.

토성의 고리가 움직이는 모습을 보고 **과학자**들은 토성의 중심이 흔들린다는 걸 알아냈어.

대왕쥐가오리의 **뇌**는 **혈관**으로 된 특별한 그물망이 둘러싸고 있어. 덕분에 먹이를 찾으러 차가운 바닷속에 잠수해도 뇌가 따뜻하게 유지되지.

오로라는 목성이나 **토성** 같은 행성에서도 관찰되었어.

혈관이 **아이스크림** 두통의 원인이야. 차가운 걸 먹으면 뇌의 혈관이 갑자기 넓어지는데, 뇌가 그걸 통증으로 해석하거든.

어떤 **아이스크림**에는 **해초**로 만든 안정제가 들어 있대. 아이스크림이 천천히 녹게 해 준다는군.

어떤 과학자는 **문어**가 외계에서 온 외계인이라고 주장한다지 뭐야.

어떤 심해 **문어**의 알은 작은 올리브 열매 크기인데 4년 반이나 있어야 부화한대!

산소는 오로라의 초록색과 진한 빨간색을 내는 원소야.

천천히 와.

해초와 미세 해조류가 우리가 숨 쉬는 **산소**의 절반을 만든다는 사실 알아?

16쪽으로 가시오.

새 시간대가 더 궁금하다면

19세기 스웨덴 식물학자들이 시간을 알려 주는 정원을 만들었어. 시계 모양의 이 정원에서 오전 3시부터 저녁 8시까지 매시간 다른 꽃이 피었거든.

1,000년 전 중국 송나라 사람들은 **냄새로 시간을 알려 주는 시계**를 발명했어. 시계 안에 층별로 다른 향을 넣고 태우면 시간에 따라 냄새가 달라지지.

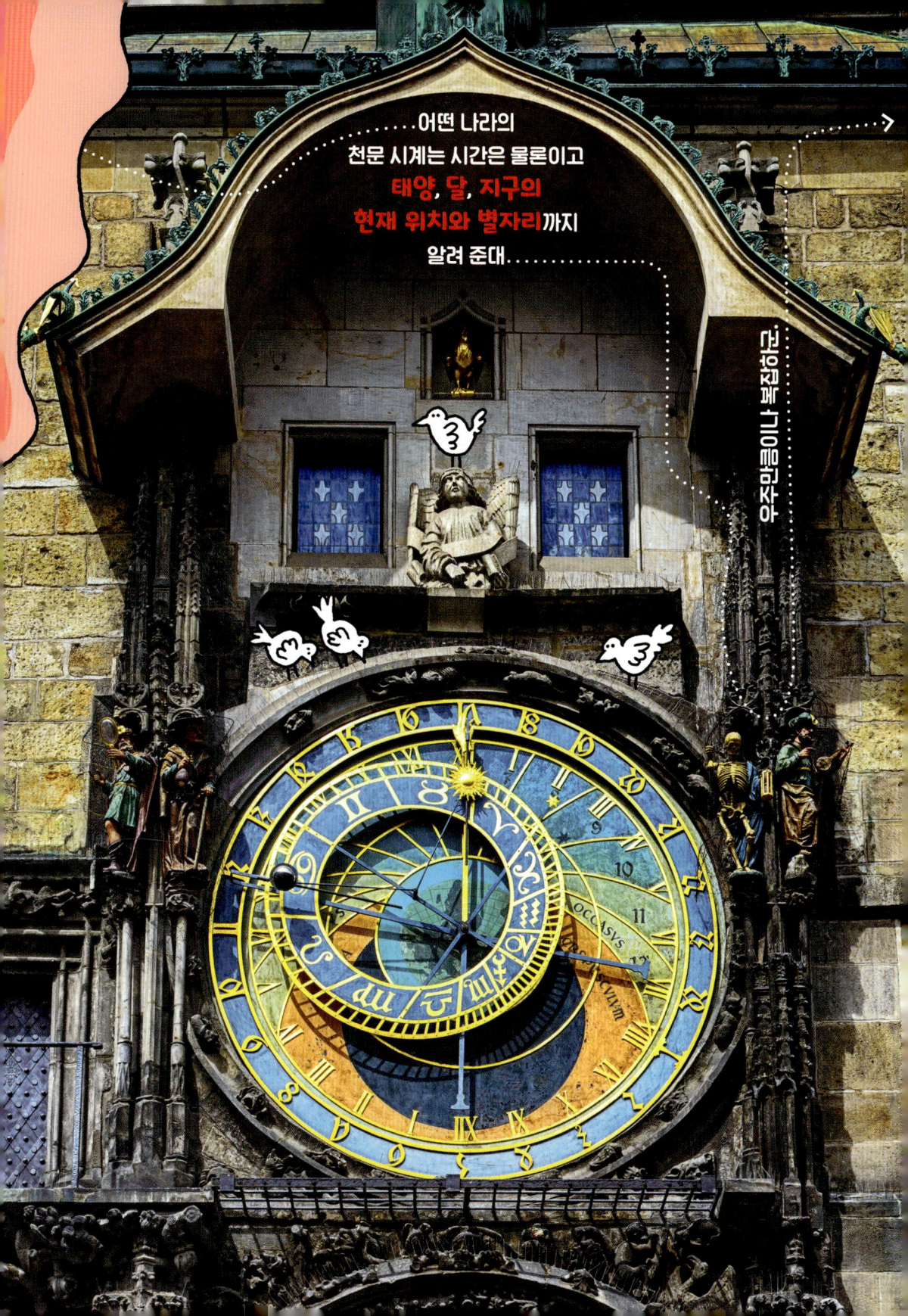

어떤 나라의
천문 시계는 시간은 물론이고
**태양, 달, 지구의
현재 위치와 별자리**까지
알려 준대.

우주만물이 움직이는 복잡한

1835년 한 신문에서는 달에서 해변, 피라미드, 작은 얼룩말과 서서 걷는 비버를 발견했다고 주장하는 한 천문학자의 이야기를 실었어. '달 날조 사건'이라고 알려진 이야기지

우리은하에 S2라는 별이 있어.
이 별은 **초대질량 블랙홀** 주위로
꽃 모양의 궤도를 그리며 여행한대.

이집트 기자의 대피라미드는 네 귀퉁이가
각각 동서남북을 가리키지. 이렇게 피라미드를
세운 걸 보면 고대 이집트인들이
천문학을 잘 알았을
거라는군

과거로 떠나는 여행

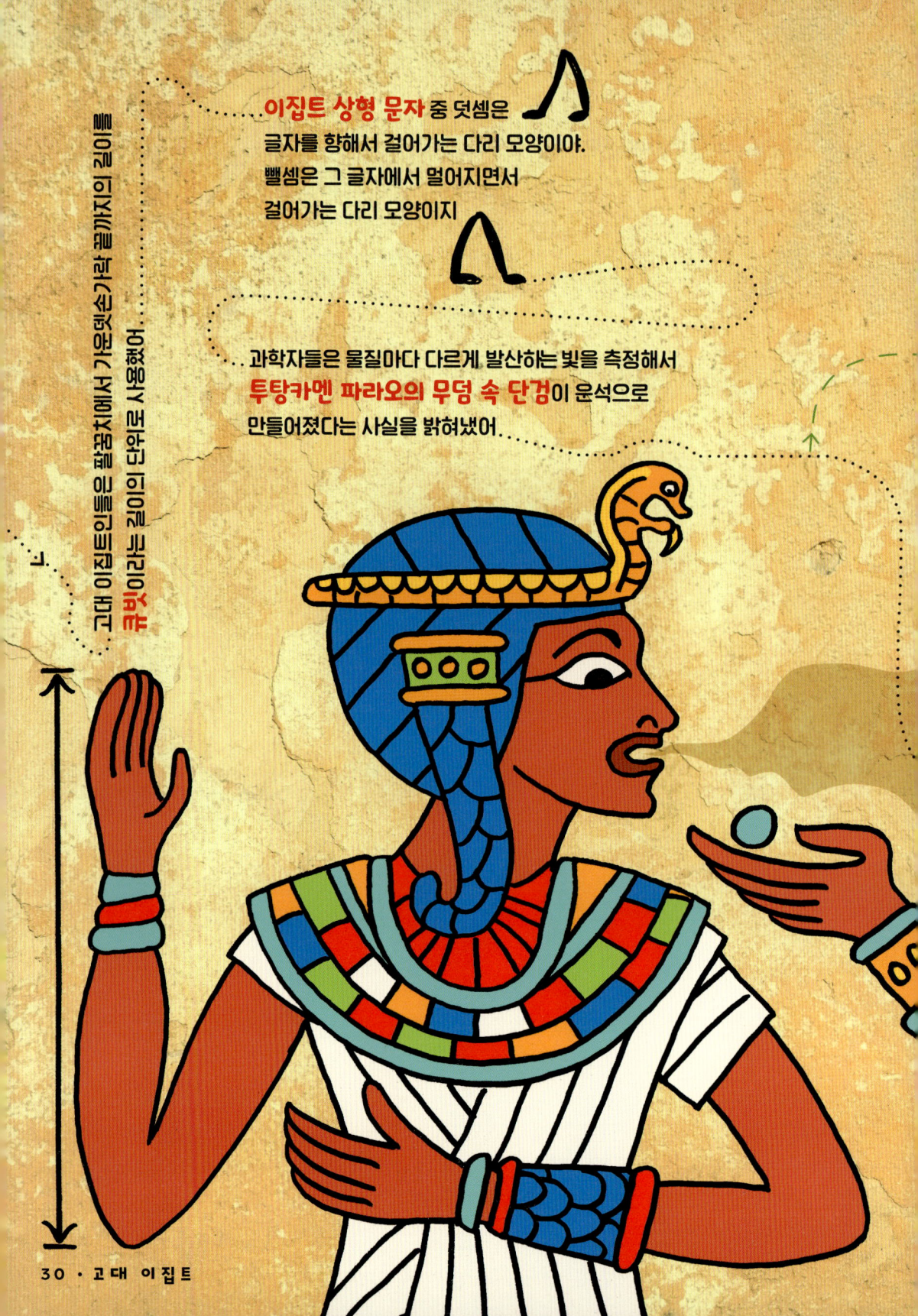

이집트 상형 문자 중 덧셈은 글자를 향해서 걸어가는 다리 모양이야. 뺄셈은 그 글자에서 멀어지면서 걸어가는 다리 모양이지

과학자들은 물질마다 다르게 발산하는 빛을 측정해서 **투탕카멘 파라오의 무덤 속 단검**이 운석으로 만들어졌다는 사실을 밝혀냈어.

고대 이집트인들은 팔꿈치에서 가운뎃손가락 끝까지의 길이를 큐빗이라는 길이의 단위로 사용했어.

과학자들이 말하길, 인간의 뇌는 적어도 페타바이트 (10의 15제곱)의 정보를 저장할 수 있대. 스마트폰 한 대보다 **4,000배**는 더 많은 양이지.

어쩐지 느낌이 와

우리의 눈이 뇌에 보내는 이미지는 원래 **거꾸로 뒤집혀 있대**. 하지만 뇌가 그걸 **다시 돌려서** 제대로 해석하지...

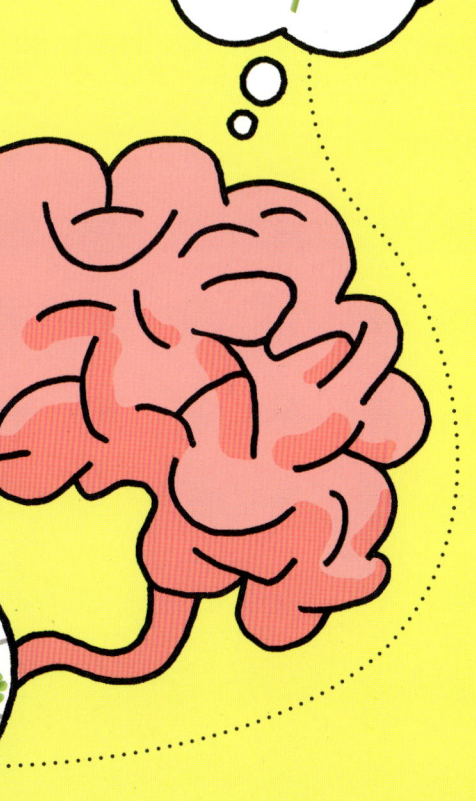

뇌 • 33

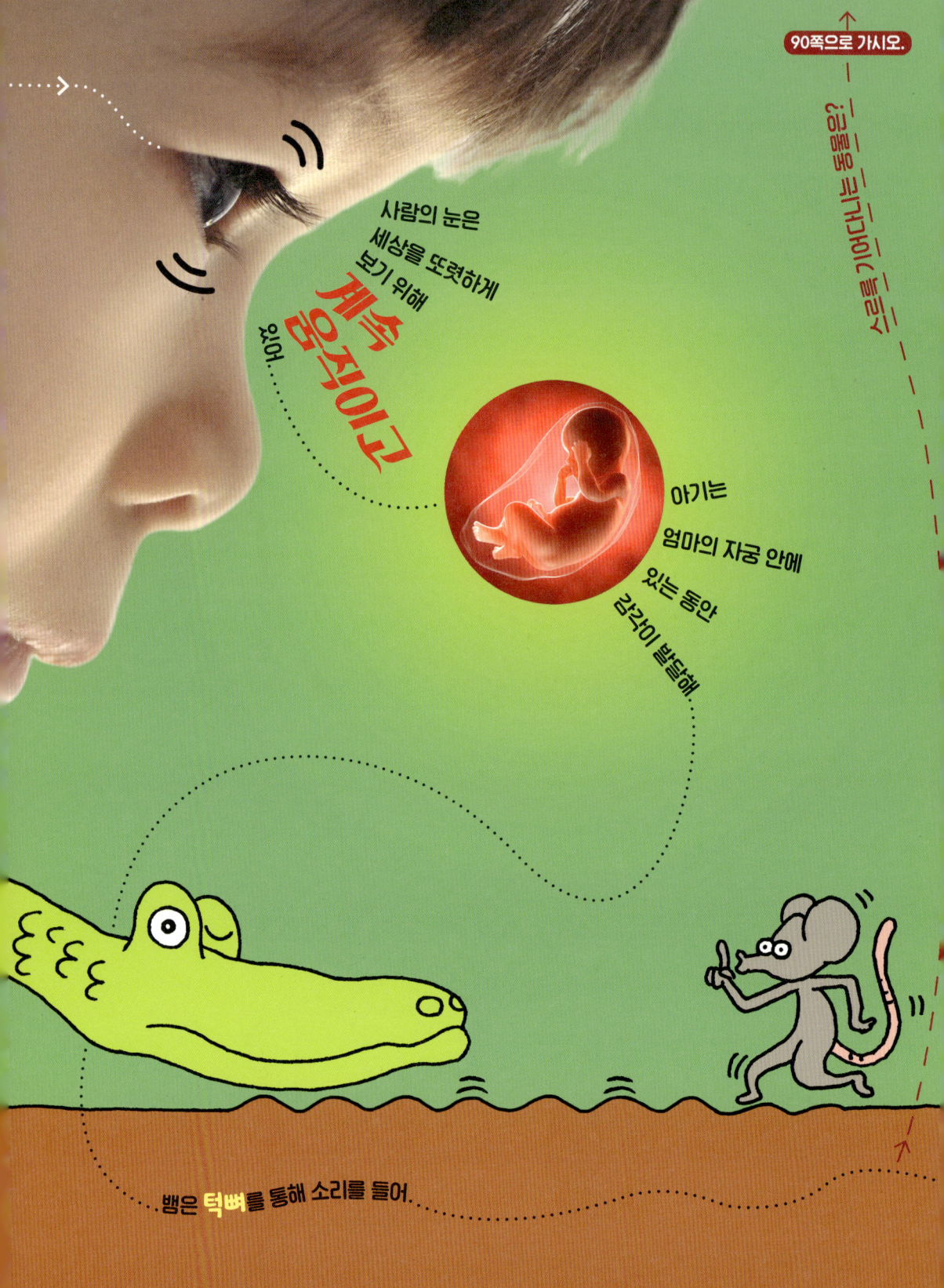

북아일랜드 벨파스트의 한 선생님이 121.7데시벨이라는 세상에서 가장 큰 고함 소리 기록을 세웠어. 무려 제트 **엔진**에 맞먹는 소리라는군.

어떤 자동차 **엔진**은 감자튀김을 만들고 남은 **식물성** 기름을 연료로 사용할 수 있어.

낙타는 속눈썹이 길어. 사막의 모래가 **눈**에 들어가지 않게 적응한 거야.

고대 로마인들은 **기린**이 표범과 **낙타**의 잡종이라고 생각했어.

인간의 눈과 달리 순록의 **눈**은 **자외선**을 볼 수 있어. 덕분에 북극의 길고 어두운 겨울에도 살아남을 수 있지.

돼지의 피부는 해로운 **자외선** 아래에서도 끄떡없어. 돼지가 뒹굴고 노는 **진흙**이 자외선 차단제 역할을 하거든.

머드 포트는 부글부글 끓어오르는 **진흙**탕이야. **화산** 활동 때문에 생기지.

요리사들은 토마토를 채소라고 생각하지만 **식물**학자들은 **토마토**를 과일이라고 생각해.

6년 동안 우주에 있던 **토마토 씨앗** 수백만 개를 지구로 가져와서 초등학생들에게 준 다음 어떻게 자라는지 관찰했어. 지구에 있던 씨앗과 똑같이 잘 자랐고 심지어 열매가 더 많이 열리기도 했대.

아카시아 **나무**는 기린 같은 동물이 잎을 뜯어 먹으면 공기 중으로 화학 신호를 퍼뜨려서 다른 아카시아 나무에게 조심하라고 알려 줘. 경고를 받은 나무는 잎에 독성 화학 물질을 보내서 맛을 더 쓰게 만들지.

샌드박스 나무의 **씨앗**은 시속 258킬로미터로 폭발해서 숲속의 **나무** 사이를 뚫고 가지.

수백만 개의 **다이아몬드** 입자가 초의 **불꽃**에 들어 있어.

가스, 먼지, 바위가 모여서 혜성을 만들어. 그래서 혜성을 '더러운 눈덩이'라고도 해.

킴벌라이트 **화산** 폭발에는 **다이아몬드**를 만드는 물질이 분출된대.

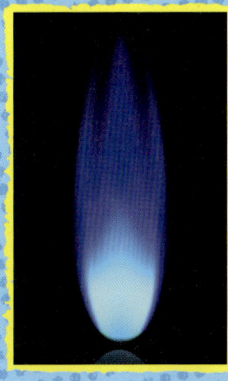

기체마다 **불꽃**의 색깔이 달라. 메탄**가스** 불꽃은 파란색이야.

좀 더 읽기 →

불꽃 별똥

이라고도 부르는 **화구**는 유난히 밝게 빛나는 유성을 말해.

어떤 혜성은 **둘로 쪼개진** 다음 몇 주 동안 서로의 주위를 돌다가 다시 하나로 합쳐진대.

··· ▶ ······ 추류모프-게라시멘코 혜성은 **고무 오리처럼** 생겼어.

앗, 뜨거워.

156쪽으로 가시오.

40 • 우주의 암석

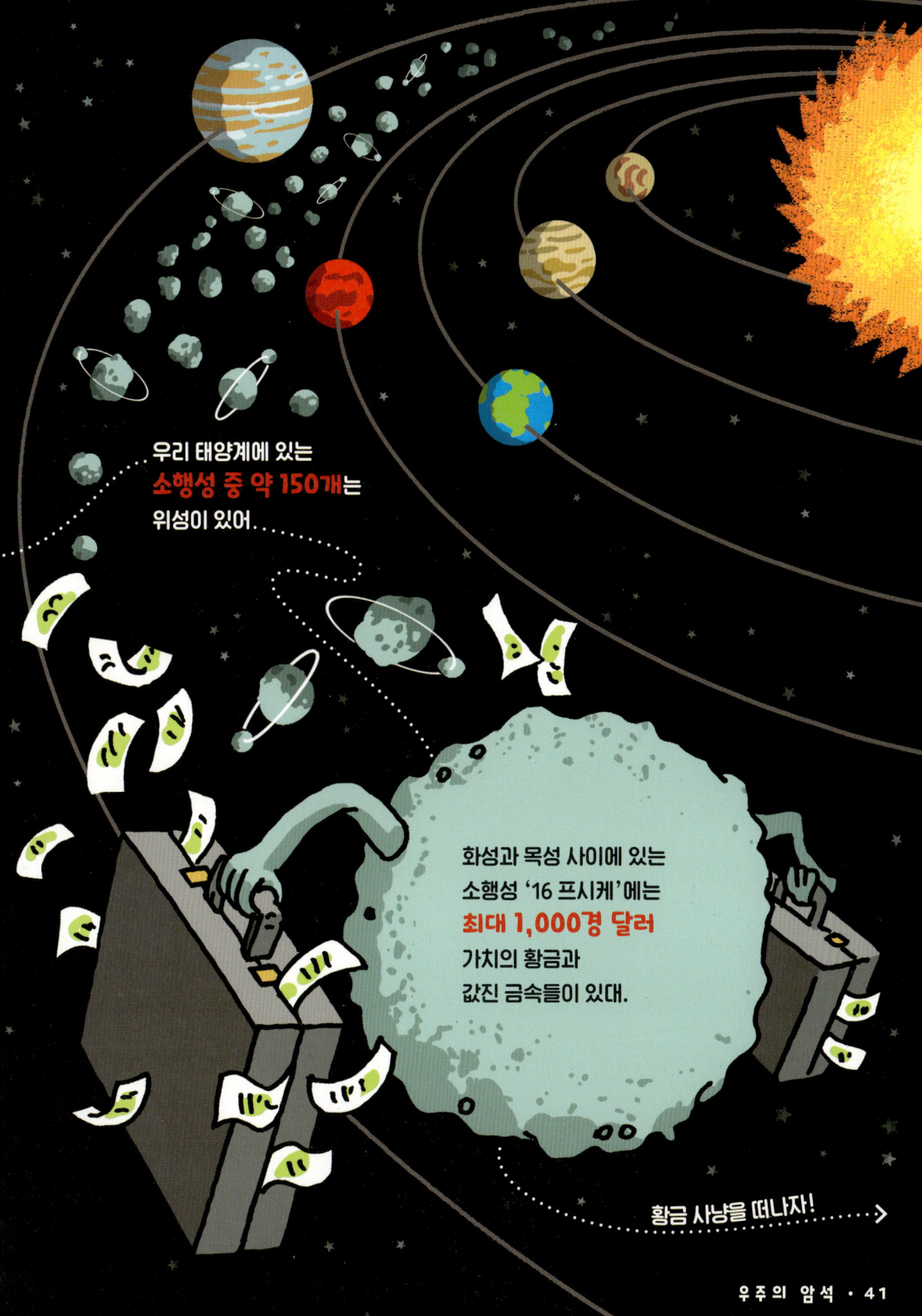

144쪽으로 가시오.

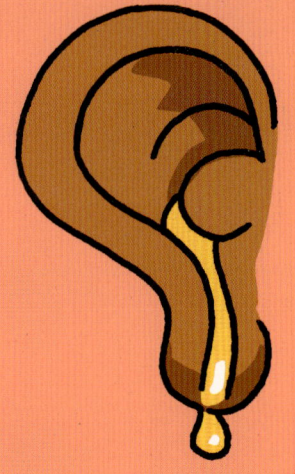

귀지가 **젖은 귀지**인지 **마른 귀지**인지를 결정하는 유전자가 있어.

인간의 방광은 약 500밀리리터의 오줌을 담을 수 있어.

키는 밤보다 **아침에 쟀을 때 더 커.**
낮에는 척추뼈 사이의 디스크가 지구의 중력에 눌려 있거든.

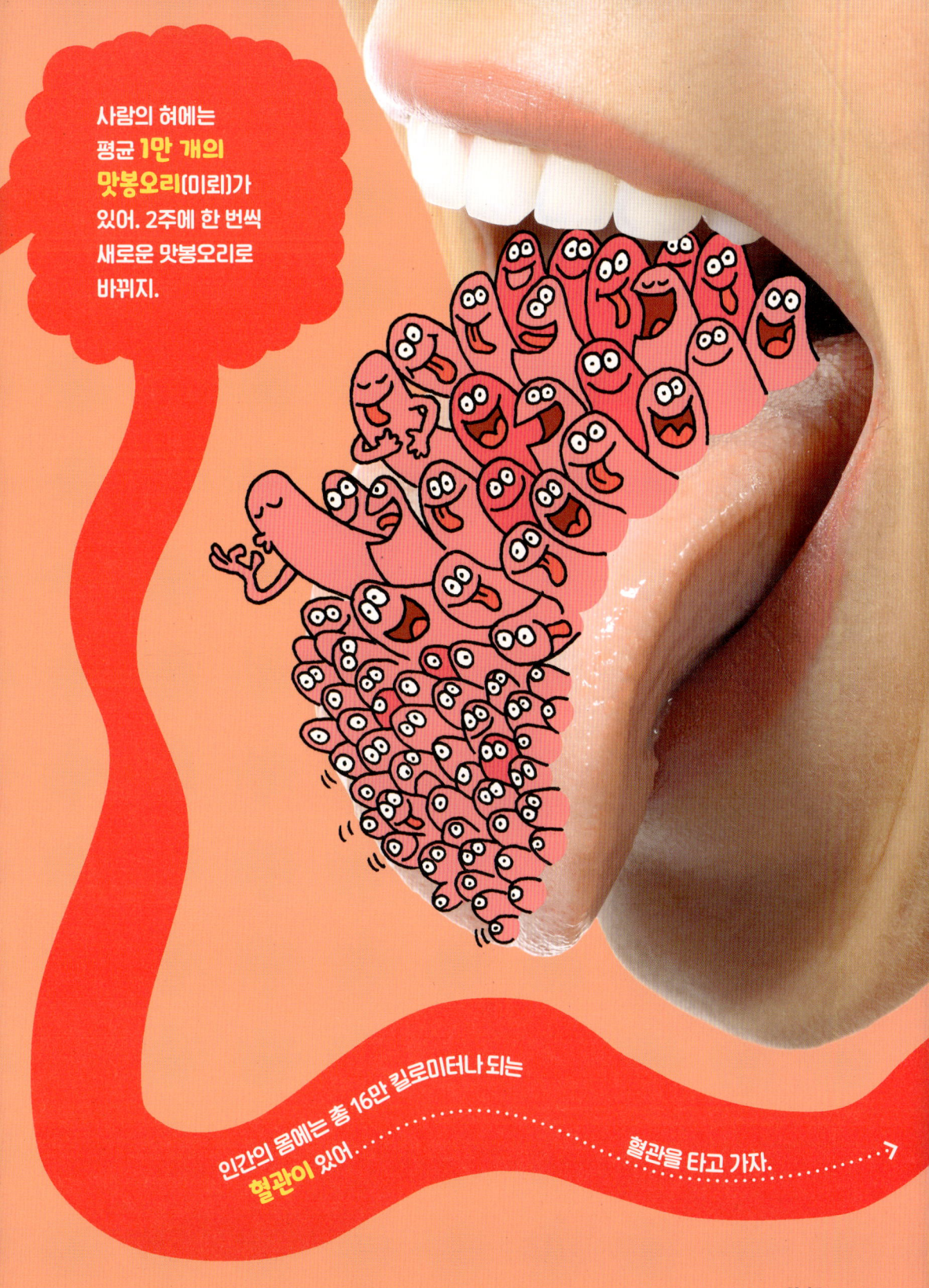

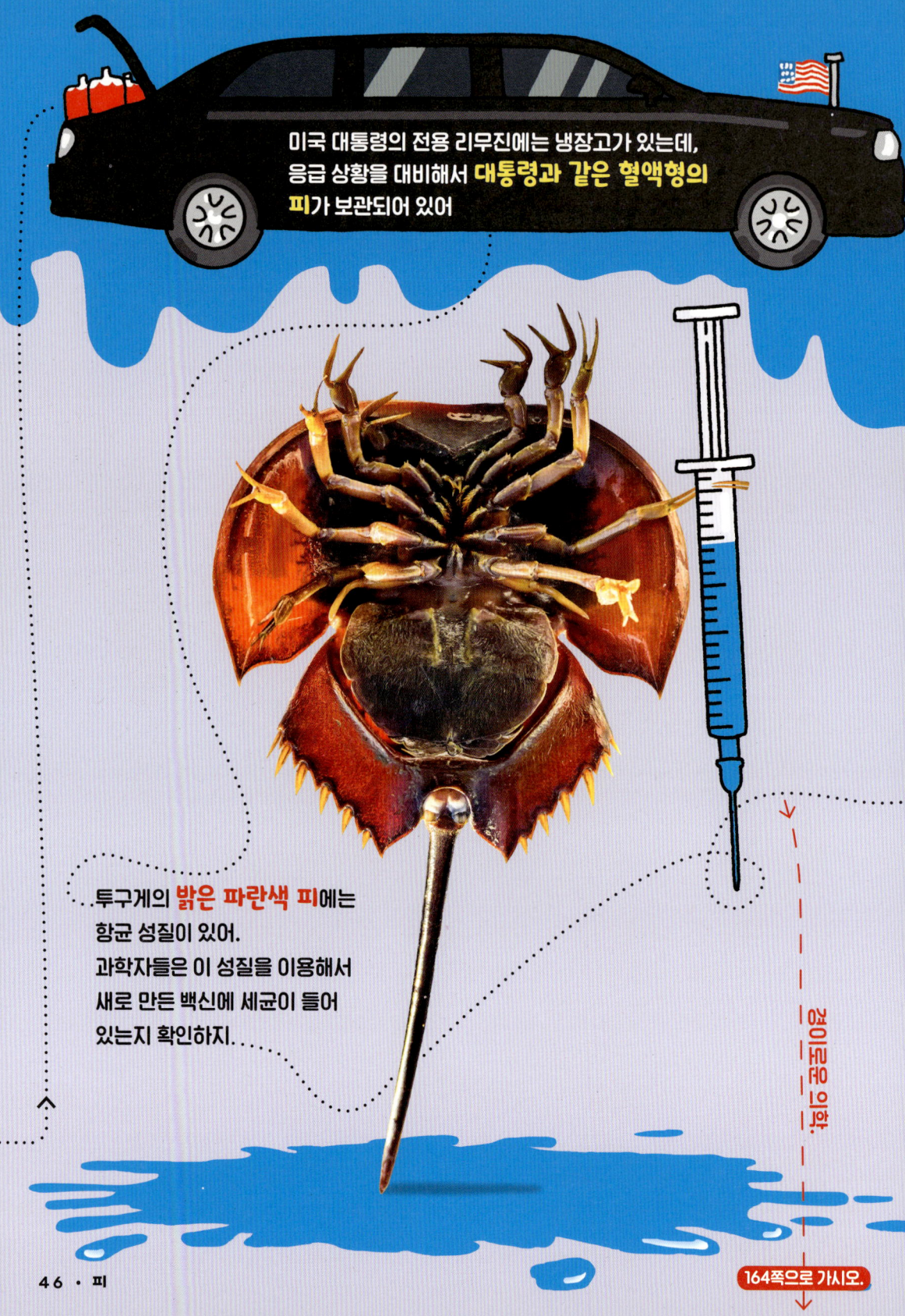

스마트워치 표면에는 투명한 사파이어가 사용돼. 단단하고 잘 긁히지 않거든.

에메랄드 안에 갇힌 광물이나 공기 방울을 자르댕이라고 불러. 프랑스어로 '정원'이라는 뜻이야. 꼭 식물이나 이끼처럼 보이거든.

세계에서 **가장 빠른 개미**가
사람만 한 몸집이 된다면
최대 시속 644킬로미터로 달릴 수 있어.

올림픽에 나가도 되겠다.

골프공 표면에 움푹움푹 들어간 홈인 **딤플**이 없다면 아마 공이 평소의 절반밖에 날아가지 않을 거야. 홈이 공기의 항력을 크게 줄여서 골프공이 더 멀리 날아가게 하거든.

달 표면에서 **깃털과 볼링공**을 동시에 떨어뜨리면 동시에 바닥에 떨어질 거야. 지구에서는 공기의 저항 때문에 깃털이 더 느리게 떨어지지.

132쪽으로 가시오.

당장 달에 가서 실험을 해 보고 싶다.

184쪽으로 가시오.

아래로 잠수.

풍동은 공기의 흐름이나 비행 환경을 연구할 때 쓰는 장치야. 뉴욕주 버펄로의 LENS-X 풍동은 시속 4만 킬로미터 이상의 엄청난 바람을 일으켜서 제트 엔진이나 **우주선을 시험할 때** 사용하지.

아쿠아리우스 연구소는 세계에서 유일한 **수중 연구소**야. 그곳의 과학자들을 해중 탐사원이라고 부르지.

세상에서 **가장 높은 곳에 있는 실험실**은 에베레스트산에 있는데 고도가 5,364미터나 된대.

국제 우주 정거장에 머무는 우주 비행사의 똥을 지구로 가져와서 연구한대.

과학자들은 실험실에서 **다이아몬드를 키울 수** 있어.

반짝반짝 빛나네!

과학 안전 실험이지.

12쪽으로 가시오.

실험실 · 59

다이아몬드는 인간이 지구에서 발견한 천연 물질 중에서 **가장 단단해**.

과학자들은 우주에서 **가장 단단한** 물질이 핵 파스타라고 생각해. 핵 파스타는 무거운 **별**이 폭발하고 남은 중성자별의 일부를 말하지.

중성자**별**끼리 부딪치면 킬로노바라는 폭발이 일어나는데 이때 백금과 **금**이 만들어져.

바보의 **금**이라고도 부르는 황철석은 자동차 **배터리**에도 사용돼.

감자로 **배터리**를 만들 수 있어. 양쪽에 **금속**으로 된 못을 박으면 끝! 감자 한 개로 LED 전구 하나를 한 달 넘게 불을 켤 수 있지.

코알라의 몸은 유칼립투스 잎에 든 독성 물질을 분해할 수 있어. 그래서 먹어도 안전하지.

분해되지 않는 플라스틱 대신 유칼립투스로 친환경 반짝이를 만들 수 있어. 맞아, 코알라가 잎을 즐겨 먹는 그 나무야.

화학은 참 멋져!

모래를 아주 뜨겁게 가열하면 녹아서 액체 광물이 되지. 유리를 만들 때 사용하는데 이때 다른 광물을 넣어 색깔을 입히기도 해.

운모라는 광물은 자연의 반짝이로 알려져 있어. 립스틱이나 자동차용 페인트에 사용되지.

가장 강한 금속인 텅스텐은 섭씨 3,422도에서 녹아. 피자를 굽는 온도보다 14배나 더 뜨거워.

에어로젤은

극도로 가벼운 고체야.
투명에 가까운 스펀지 같지.
과학자들은 에어로젤을 이용해서
혜성의 꼬리에서 먼지를 수집해.

소금을 태우면

노란색 불꽃이

생겨.

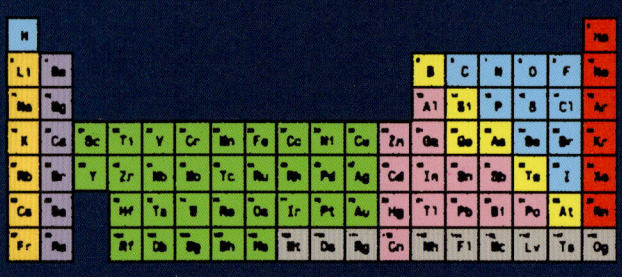

주기율표를 처음 만든 사람은 솔리테어 카드 게임처럼 원소를 배열했어………

라듐은 **아주 독성이 강한** 원소 중 하나야. 그걸 옛날에는 치약으로도 썼다지….

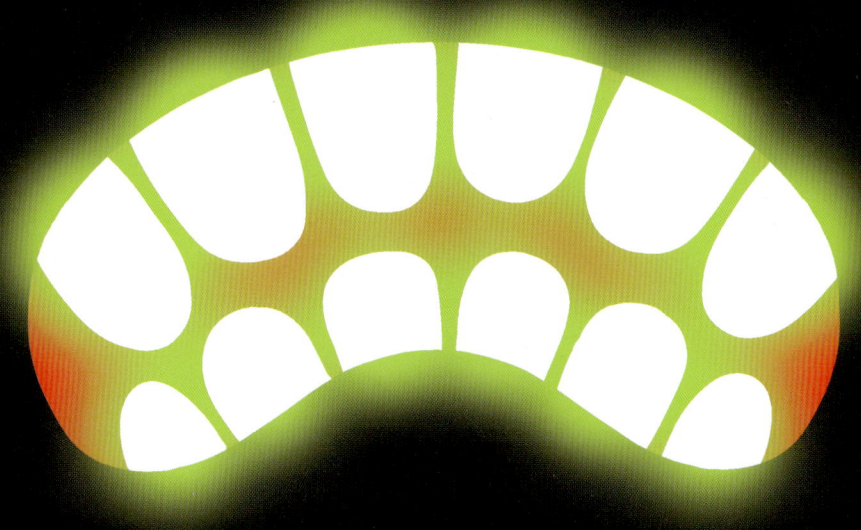

독으로 이를 닦았다니!

청자고둥은 이빨이 바늘 같아서 먹잇감에 독을 주사할 수 있어.

> 고함원숭이는 가끔 **독이 있는 식물**을 먹어. 하지만 독을 중화해 주는 진흙도 함께 먹으니까 괜찮아.

물속으로 풍덩.

갯민숭달팽이는 해파리의 촉수를 먹고 그 안에 있는 **독을 훔쳐서** 자기 몸을 방어해.

이게 트림인가?

우리은하

우리은하에는 **기체로 채워진 두 개의 거대한 거품**이 있어. 과학자들은 그게 은하의 중심에서 별을 삼킨 블랙홀의 '트림'일지도 모른다고 생각해.

왠지 속이 좀 더부룩한데.

거품 · 71

프랑스 타른 강에 사는 **물고기** 중 하나인 메기는 비둘기를 사냥해. 땅 위로 펄쩍 튀어 오른 다음, **새**를 낚아채서 물속으로 끌고 들어가.

물리학자들은 아주 가벼운 재료로 튼튼한 구조물을 짓는 방법을 배우려고 **새**의 **둥지**를 연구해.

바다에 사는 우렁쉥이를 건드리면 몸을 수축해서 물과 위장을 뿜어내. 그러면 다가오던 **물고기**들이 도망가지.

붉은목벌새는 식물로 **둥지**를 지은 다음 **거미줄**로 잘 묶어 둔다지.

달과 해가 끌어당기는 **중력** 때문에 지구의 **바다**에 썰물과 밀물이 생기는 거야.

은하계의 가스, 먼지, 별은 **중력**에 의해 한데 뭉쳐 있어.

거미줄은 주변에서 날벌레가 날아다닐 때 발생하는 정**전기** 때문에 먹잇감에 가깝게 휘어져. 덕분에 거미가 더 쉽게 사냥할 수 있지.

미국의 수도에 있는 워싱턴 기념탑 꼭대기는 단단한 **알루미늄**으로 만들어졌어. **벼락**을 견딜 수 있기 때문이야.

벼락의 열기는 나무의 수액이 끓어올라 수증기가 될 정도로 뜨거워. 그래서 벼락을 맞은 **나무**가 폭발하는 거래.

'달 **나무**'는 1971년 우주 임무 때 달에 들고 갔다가 가져온 **씨앗**을 심어서 키운 거야.

경주 **자동차**에서 나오는 배기가스는 온도가 섭씨 982도나 돼. **알루미늄**이 녹을 정도로 뜨겁지.

1800년대 초 처음으로 초창기 **전기** 자동차에 동력을 공급했어. 오늘날 테슬라 전기 자동차가 도로에 등장하기 200년 전 일이야.

난초의 **씨앗**은 세상에서 가장 작아. **먼지** 한 톨 크기밖에 안 되니까.

인간의 몸에 있는 모든 원소는 원래 우주의 **먼지**에서 왔어.

솟아올라라!

팩트 꼬리 물기 • 73

…한 천문학자가 우주에서 **외계인을 찾을** 가능성을 계산하는

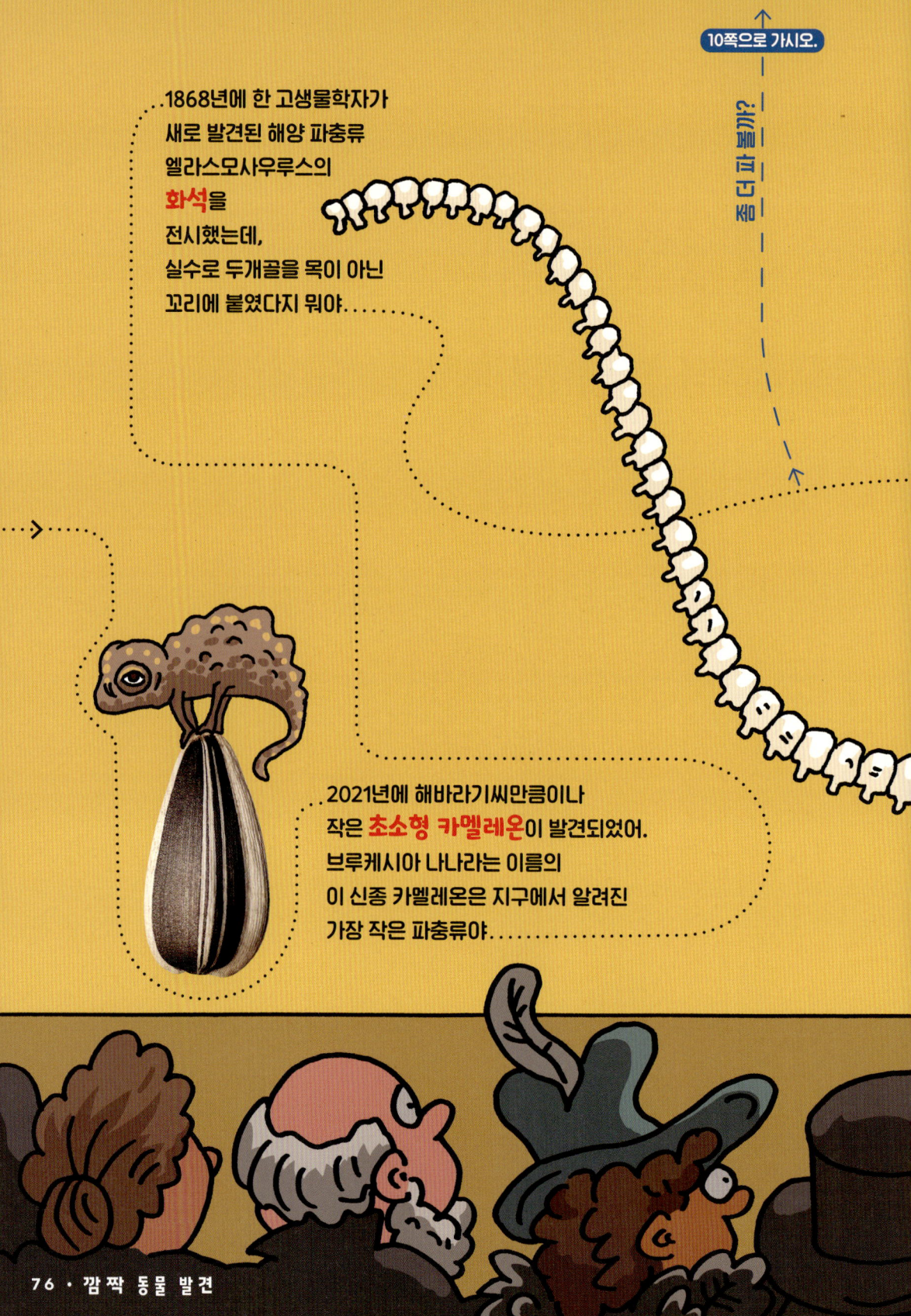

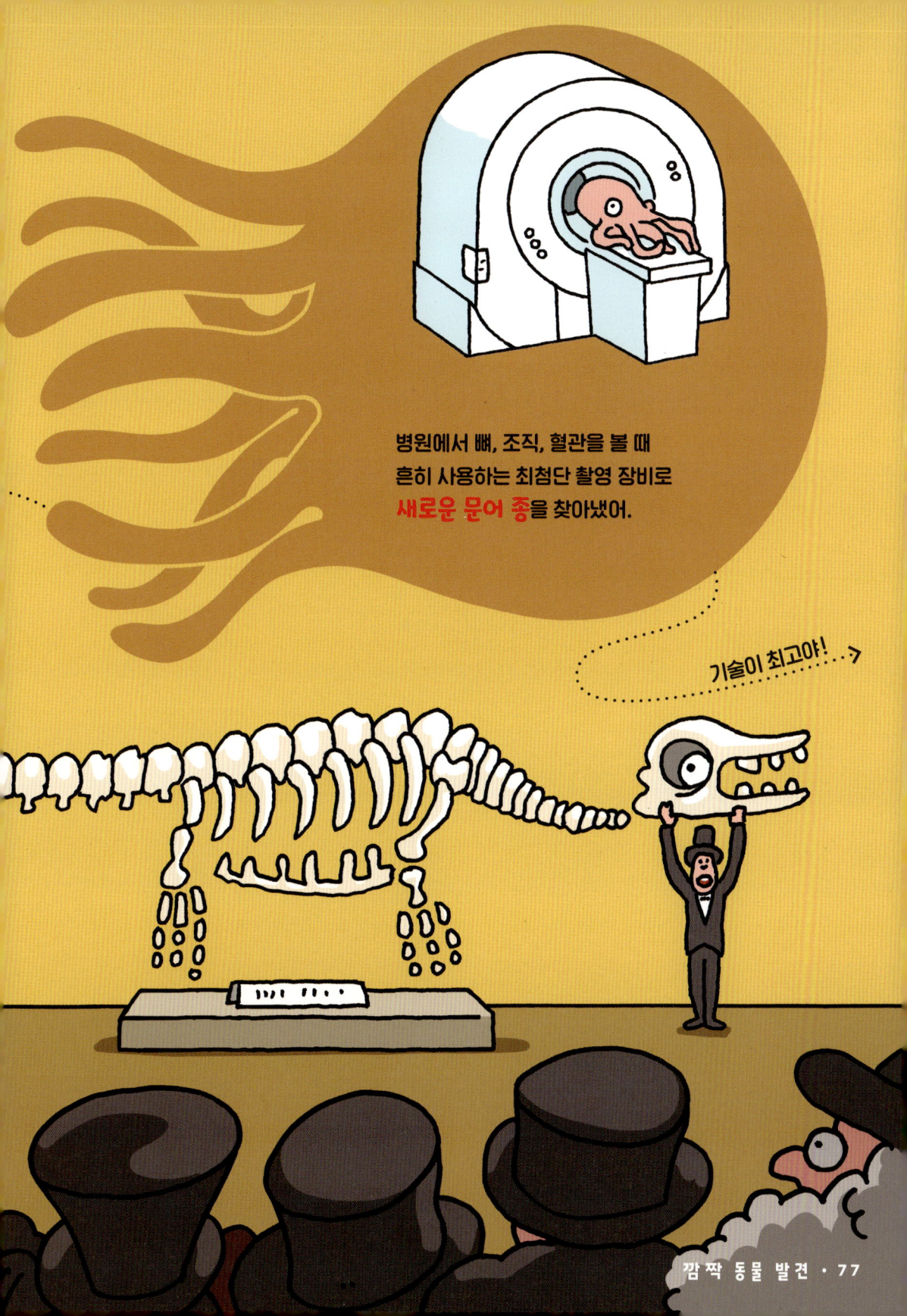

과학자들이 인공위성에서 촬영한 남극 빙하의 사진에서 **황제펭귄의 똥**을 보고 새로운 펭귄 군락을 찾아냈어.

코어는 땅속 깊숙이 원통형으로 구멍을 뚫어서 파낸 지각 표본을 말해. 연구자들이 남극에서 코어의 침전물을 조사해서 식물 뿌리 화석을 찾아냈지. 그걸로 남극이 9,000만 년 전에는 **우림**이었다는 사실을 알게 되었어.

지구가 갈수록 더워져서 큰일이야.

청설모는 가을이면 뇌가 더 커진대. 아마 도토리를 숨기는 장소를 기억하느라 머리를 많이 쓰기 때문일 거야.

열은 금속을 팽창시키기 때문에 더운 여름이면 에펠탑의 높이가 더 높아져.

32쪽으로 가시오.

그다음이는 겨울

사람의 대장에 들어 있는 세균은 계절에 따라 종류가 **달라지기도** 해.

현미경으로 들여다볼까?

계절 · 81

어떤 세균은 **얼음을 만들 수 있어.**

물을 사랑하는 조류 세라티움은 **뿔과 갑옷**을 갖춰 입었어.

북극의 동토층 아래에서 수천 년 동안 얼어 있던 작은 **좀비 생물**이 실험실에서 되살아났어.

어떤 분필은 수백만 년 전에 죽은
바다 플랑크톤의 **해골**로 만들어졌어.

쓰는 행성이므로 양쪽을 떠나자.

과학자들은 이다음에 화성에서 **중요한 금속을 캐낼 때**
미생물을 사용할 계획이야.

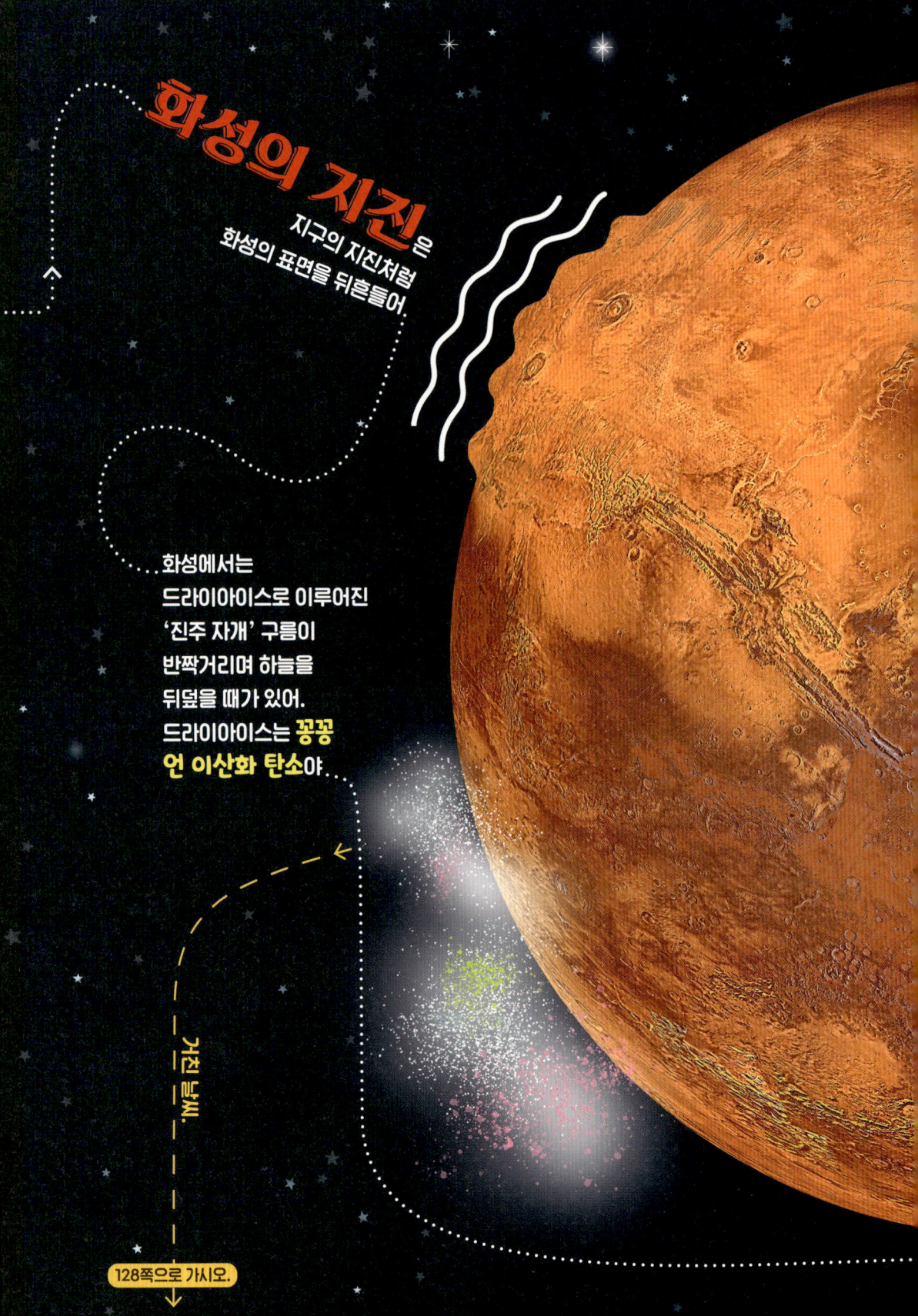

화성의 지진

화성의 지진은 지구의 지진처럼 화성의 표면을 뒤흔들어.

화성에서는 드라이아이스로 이루어진 '진주 자개' 구름이 반짝거리며 하늘을 뒤덮을 때가 있어. 드라이아이스는 **꽁꽁 언 이산화 탄소**야.

거친 날씨

128쪽으로 가시오.

화성 탐사 훈련을 받는 우주 비행사들은 하와이 **용암 동굴**을 탐사해. 인간이 진짜로 화성에 가면 가장 안전하게 머물 곳이 용암 동굴이라고 생각하거든……

빨갛게 달구어라!

K2-141b는 용암이 바다처럼 뒤덮인 행성이야. 그곳에서는 **돌**덩어리가 비처럼 쏟아지지.

화산에서 만들어지는 속돌은 유일하게 물에 뜨는 **돌**이야. 태평양에서 물에 떠다니는 속돌 **섬**이 발견된 적도 있어.

앵무새만큼 작은 **공룡** 화석이 발견된 적이 있어. 앞발에 '발가락'이 한 개씩밖에 없었지. 그걸로 땅을 파서 **곤충**을 잡아먹었을 거래.

고생물학자들이 목이 긴 어떤 공룡의 **위장**에서 작은 돌멩이들을 발견했어. **공룡**이 나뭇잎을 통째로 삼켜도 그 돌멩이들이 잎을 잘게 찢어 주었을 거야.

무늬침노린재속 **곤충**인 암살자벌레는 특별한 방식으로 사냥을 해. 먼저 더듬이로 **거미**의 몸을 두드린 다음 거미가 어리둥절해하는 틈을 타서 공격한다나.

섬 거대화는 섬에 사는 동물의 몸집이 육지에 사는 종보다 더 커지는 현상을 말해. 섬에서는 먹이 경쟁이 덜 심하거든. 갈라파고스땅**거북**은 몸무게가 250킬로그램도 넘는다니까?

물은 음식처럼 소화되지 않아. 대신 흡수가 되지. **위장**은 보통 20분 이내에 물을 흡수한대.

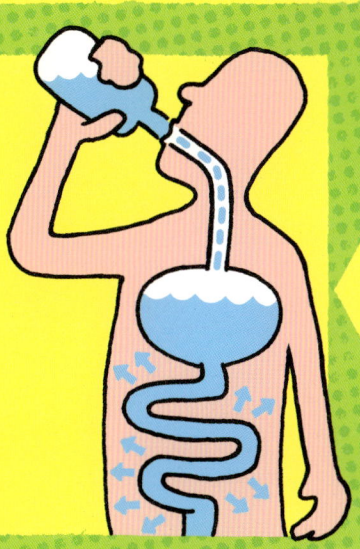

사막땅**거북**은 1년 동안 **물**을 마시지 않고도 살 수 있어. 방광에 물을 저장했다가 가뭄이 오면 몸에서 흡수하거든.

늑대**거미** 수컷은 짝에게 잘 보이고 싶을 때면 마른 잎을 떨어서 가르릉거리는 **소리**를 낸대.

전 세계의 **소리** 환경을 연구하는 생태학자도 있어. 소리만 듣고도 생물의 서식지가 얼마나 건강한지 분석할 수 있다는군.

불꽃놀이 설계자는 **복잡한 화학 반응**을 이용해서 사람들의 감탄을 자아내는 색깔과 모양의 불꽃을 만들지.

어떤 디저트 회사에서는 **아이스크림 전문 과학자**가 일하고 있어.

분변학자는 **동물의 똥**을 연구해서 생물이 먹고 살아가는 방식을 연구해.

배고파?

48쪽으로 가시오.

88 • 특이한 직업

껌을 씹는 건 **껌 과학자**가 늘 하는 일이야. 껌을 시험하고 새로운 맛을 발명하기도 해.

뱀독 추출가는 독사의 독니에서 독을 짜내는 특별한 동물학자야. 의학자들이 그 독으로 생명을 살리는 해독제를 개발하지.

페이지를 스르륵 넘겨 보시오.

특이한 직업 • 89

살무사나 방울뱀 같은 뱀의
꼬리에 자외선을 비추면
푸른빛이 나

생물 발광은 유기체가 스스로 빛을 내는 능력을 말해. 심해에 사는 '**아톨라해파리**'는 푸른색 불빛을 번쩍거려서 포식자에게 경고하거나 먹잇감을 유인하지. 그래서 '**경보해파리**'라고도 불러.

지구의 대기에 충돌하는
기체 입자들이 **북극광의**
움직임을 만들어.

지지직!

번개는 일반 가정에
전력을 대는 전기보다
100배나 더 빨리 움직여.

빛 · 93

상어의 피부에는 **젤리가 채워진 관**이 있는데 그걸로 수 킬로미터 떨어진 곳의 전기를 감지할 수 있어. 먹이를 찾는 데 큰 도움이 되지.

이걸 감지해 봐.

34쪽으로 가시오.

태양열로 움직이는 말벌이 있는 거 알아?
몸속의 색소가 태양 빛을 가둔 다음
전기를 생산하지. 그 전기를 어디에
사용하는지는 아직 수수께끼야.

녹색 지구를 만들자.

어떤 연구자들은 쓰레기를 줄이기 위해서 곰팡이로 **드론**을 만들고 있어. 이 드론은 생분해가 되기 때문에 추락했을 때 찾으러 가지 못하는 곳으로도 보낼 수 있어.

종이접기에서 영감을 받은 공학자들이 접었다 폈다 할 수 있는 태양광 패널을 개발했어.

곰팡이로 콘크리트 만들기. 186쪽으로 가시오.

E kaaro

Xin chào

Hallo

안녕하세요

머리가 좋아진다는 건가..

Salom

اهلا

Merhaba

Kia ora

Cześć

Բարև

नमस्ते

구름표범은 **꼬리**로 균형을 잡으면서 열대 **우림**의 나무를 타고 올라가.

열대 **우림**의 나무들은 **햇빛**을 많이 받으려고 쑥쑥 자라며 경쟁을 하지.

개의 오른쪽 뇌는 **꼬리**를 왼쪽으로 흔들라고 시키고, 왼쪽 뇌는 꼬리를 오른쪽으로 흔들라고 시키지.

사냥감의 **머리**와 팔다리가 '해골 수집' 개미의 둥지를 장식하고 있대.

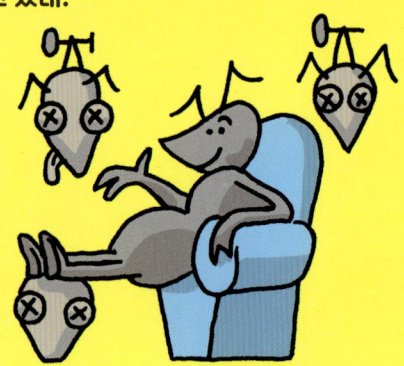

인간이 농사를 짓기 6,000만 년 전부터 **개미**가 **곰팡이**를 키웠다는 사실이 DNA 연구로 밝혀졌어.

곰팡이가 만든 산성 물질이 레고 블록에 사용되었대.

유럽 입자 물리 연구소 핵 과학자들이 급하게 어떤 장비를 만들 일이 있었는데 이때 레고를 사용했어. 레고 블록은 강한 **방사선**도 견디거든.

태양 **방사선** 때문에 달에 꽂아 둔 미국 국기가 하얗게 변해 버렸어.

햇빛은 고작 한 시간이면 인간이 1년 동안 사용하는 전기보다 많은 에너지를 우리 **행성**에 줄 수 있어.

왜 **행성**인 명왕성에는 **얼음**으로 된 산이 있어. 과학자들도 그 산이 어떻게 만들어졌는지는 알지 못하지.

생쥐의 **이빨**은 강철보다도 강하다는 사실!

빙하의 **얼음** 위에서 이끼 덩어리가 자라기도 해. 별명이 '빙하의 **생쥐**'야. 어떤 건 크기가 테니스공만 하다더군.

멧돼지의 일종인 바비루사는 **이빨**이 입 밖으로 튀어나오는 것도 모자라 **머리** 쪽으로 구부러질 정도로 길게 자라.

달은 동그랗게 보이지만 사실은 **레몬** 모양에 더 가깝대.

종이에 **레몬**주스로 글씨를 쓰고 말리면 눈에 **보이지 않게** 돼. 하지만 종이를 열기 가까이 대면 마법처럼 글씨가 나타나지.

입으면 **보이지 않는** 투명 망토를 만드는 기술이 개발 중이야.

어서 만들었으면!

한 독일 고고학자가 스톤헨지보다 6,000년이나 전에 만든 고대 유적을 터키에서 발견했어. 사자와 전갈 같은 동물이 새겨진 **거대한 돌기둥**이 이곳의 특징이야. 이 유적이 만들어진 이유는 아직 미스터리래.

어떤 연구자들은 우리 은하계 바깥에 **평행 우주**가 존재할지도 모른다고 생각해.

↑ 74쪽으로 가시오.

장소를 탐사합시다.

고대의 유적 스톤헨지는 세워진 이유도, 어떻게 큰 돌을 그곳까지 운반했는지도 양쪽 정확히 밝혀지지 않았어. 하지만 소리를 증폭할 수 있도록 돌기둥이 배열되었다는 주장이 있어.

빅풋은 몸에 **털이 나 있고 사람 같은 모습으로** 숲속을 떠돌아다니는 생물이야. 과학자들을 비롯한 많은 사람이 빅풋을 보았다고 하지만 진짜 존재하는지는 아무도 몰라.

2004년에 나타났다는 UFO에 '틱 택™'이라는 별명이 붙었어. UFO 모양이 꼭 그 사탕처럼 생겼거든.

우주에는 적어도 네 가지 종류의 블랙홀이 있다고 해. 하지만 블랙홀이 모두 몇 개나 있는지, 그 안에 뭐가 들어 있는지는 아직 알 수 없어. 블랙홀이 **시간 여행**의 열쇠를 쥐고 있다고 생각하는 과학자들도 있지.

구멍 속으로 빠져든다.

국수 효과라고도 하는 스파게티화는 한 물체가 블랙홀에 끌려들어 갈 때 일어나는 현상이야. 국수 가닥처럼 길고 가늘게 늘어나거든.

야 블랙홀은 주위의 기체가 분홍빛을 내뿜는 바람에 검은색이 아닌 빨강으로 보여. 정말 우색찬란하다.

블랙홀 · 113

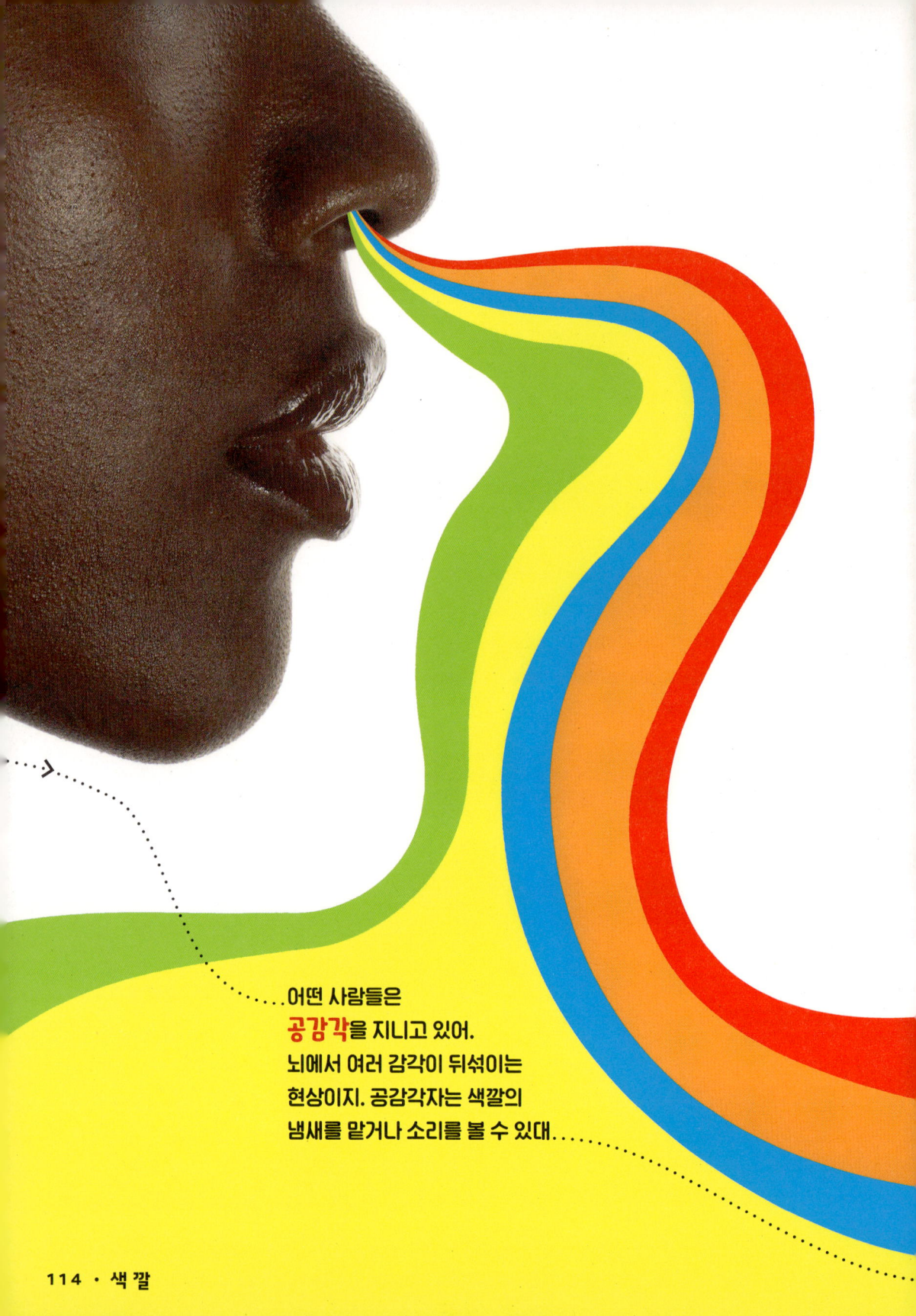

어떤 사람들은 **공감각**을 지니고 있어. 뇌에서 여러 감각이 뒤섞이는 현상이지. 공감각자는 색깔의 냄새를 맡거나 소리를 볼 수 있대.

수박 눈은 조류가 눈을 분홍색이나 초록색으로 물들이는 현상이야. 수박처럼 달콤한 냄새가 날 때가 있어서 그런 이름이 붙었대.

들쭉날쭉 높이 솟은 바위들

눈 속에 **굴**을 짓고 사는 동물들이 있어. 눈이 공기를 가두어서 체온을 따뜻하게 유지해 주기 때문에 추운 겨울도 잘 견딜 수 있지.

놀이터같아!

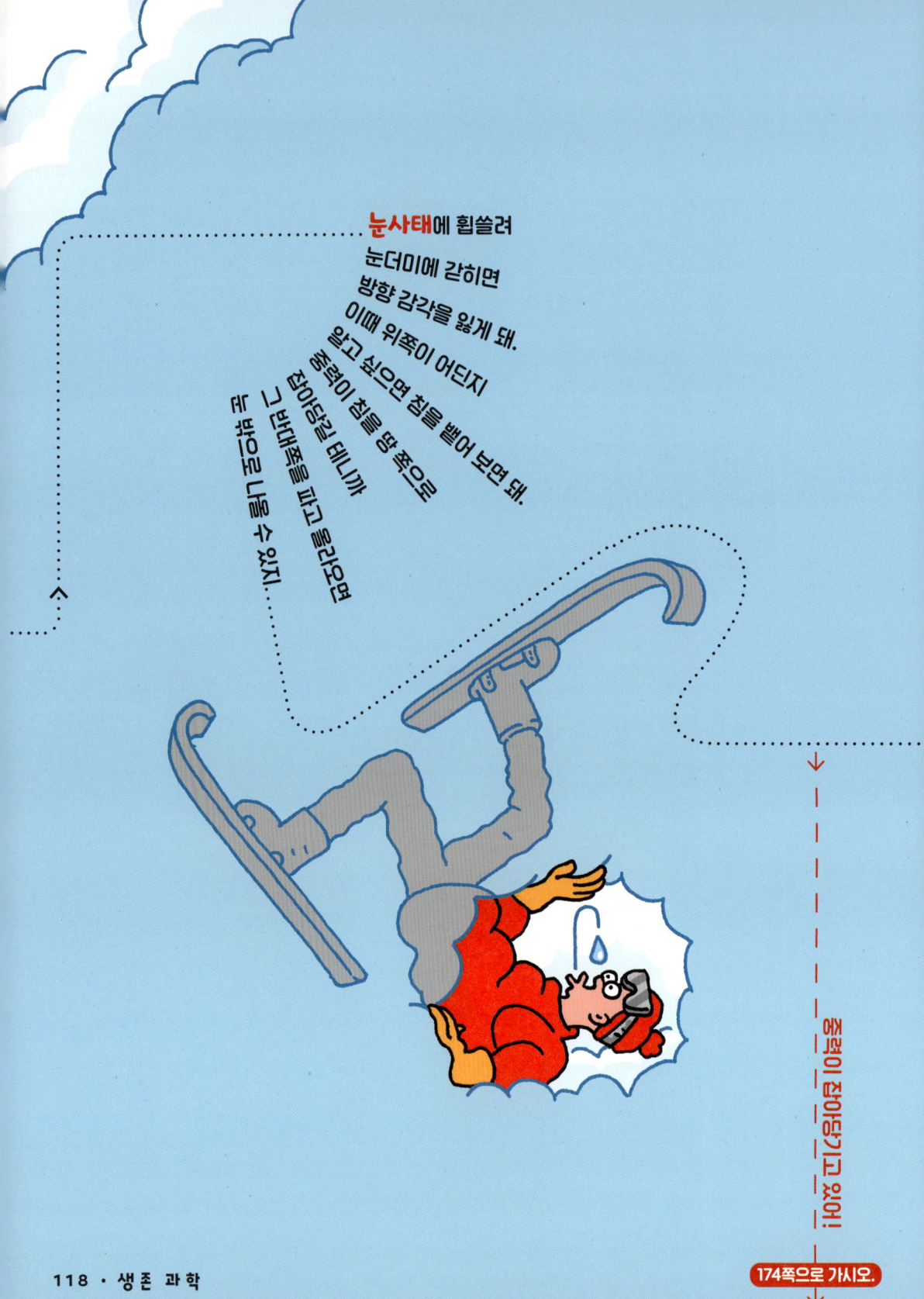

에뮤의 친척인 화식조는 **초록색 알**을 낳아.

114쪽으로 가시오.

시원한 색깔.

내가 먼저야!

닭이 먼저일까 아니면 달걀, 즉 알이 먼저일까? 과학자들은 알의 손을 들어 주었어. 파충류는 닭이 나타나기 훨씬 오래전부터 알을 낳았거든. 그러니까 **최초의 달걀**은 닭이 아닌 파충류에게서 왔다는 거지.

바이러스는 1,800년대에 사람의 몸이 아닌 식물에서 맨 처음 연구되었어.

어떤 곤충은 식물에서 식물로 **바이러스**를 옮긴대. **꽃꿀**을 먹으려고 이 식물 저 식물 다니면서 말이지.

프레리도그가 동료에게 전달하는 경고의 **울음소리**는 근처 **초원**에 있는 포식자의 크기, 색깔, 심지어 종류까지 알려 준대.

마카로니**펭귄**은 평생 한 마리하고만 짝을 짓고 살면서 **울음소리**로 자기 짝을 알아볼 수 있어. 짝을 만나면 고개를 숙이고 머리를 흔들며 인사하지.

넓게 펼쳐진 마른 **초원**에 **불**이 나면 1분에 183미터의 속도로 불길이 번져.

많은 식물의 **꽃꿀**에는 카페인이 들어 있어. 카페인이 **꿀벌**의 암기력을 좋게 만들어서 식물의 위치를 잘 기억하게 한다는군.

꿀벌은 **다리**에 있는 바구니 모양의 구조물에 꽃가루를 모아.

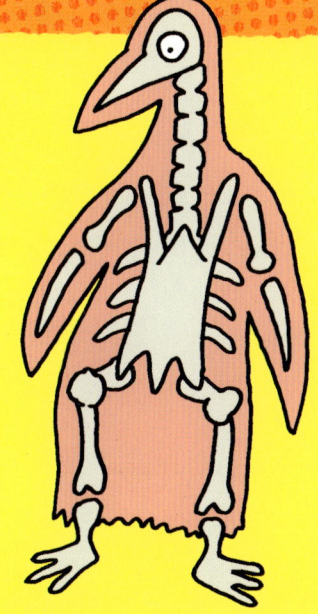

펭귄은 **다리**가 짧아 보이지만 **펭귄**의 깃털이 무릎 아래로 다리를 덮고 있어서 그렇게 보이는 것뿐이야.

아프리카는 매년 **불**이 가장 많이 나는 **대륙**이야.

캐나다에서 발견된 어떤 바위에서 1억 5,000만 년 전에 사라진 **대륙**의 흔적이 나타났어.

대단한 발견.

팩트 꼬리 물기 · 123

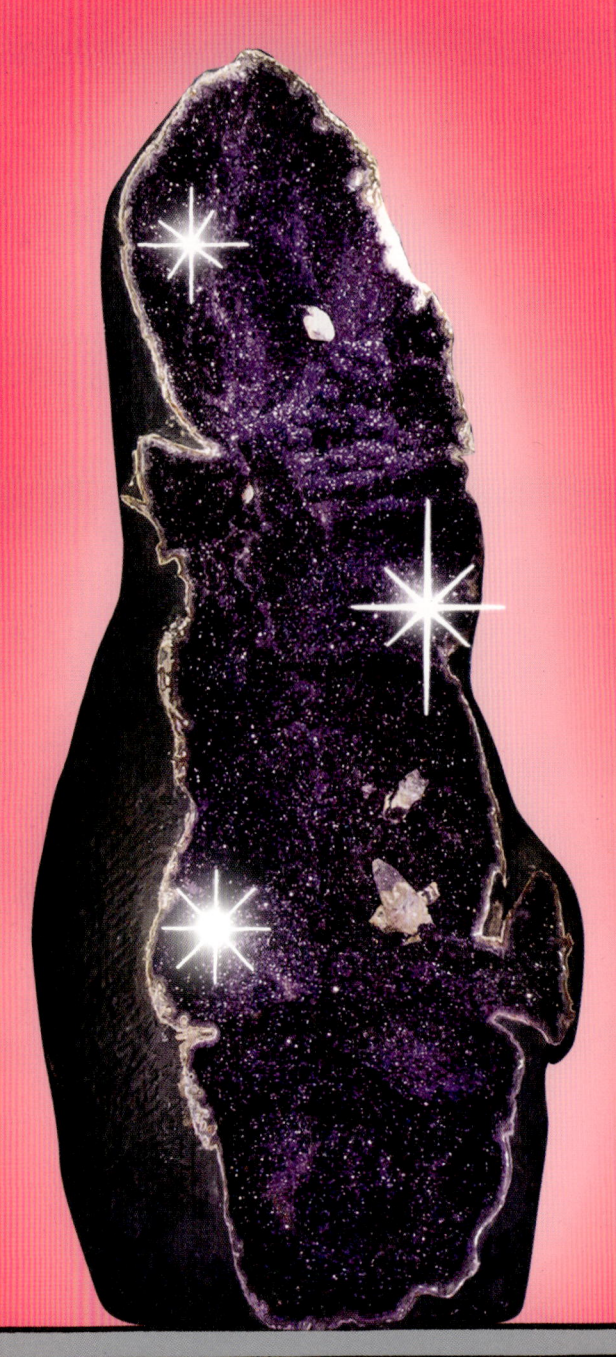

세상에서 가장 **자수정 지오드**는 높이가 3미터 이상이고

가장 대단한 바위네!

무게는 북극곰 네 마리의 무게와 맞먹어.

'사하라의 눈'은 황소 눈처럼 생긴 원형의 바위 지형인데 우주에서도 보인대.

올림픽 종목인 컬링에 쓰는 컬링 스톤은 스코틀랜드 서쪽의 아일사 크레이그섬에서만 나는 아주 희귀한 화강암으로 만들어.

에베레스트산 꼭대기에 있는 석회암은 한때 바다의 밑바닥에 있었어. 그 바위에 수억 년 전 물속에 살았던 무척추동물의 잔해가 들어 있지.

지브롤터 암벽은 쥐라기 시대로 거슬러 가는 거대한 **석회암**이야. 유럽에 서식하는 유일한 야생 원숭이의 보금자리이기도 하지. 한때는 영국 군대가 이 원숭이들을 지켰어.

과학자들은 동굴 속 석순을 연구해 과거의 날씨를 알 수 있어.

석순 무리

날씨풍선은 날씨 자료를 수집하기 위해 하늘에 띄우는 풍선이야. 하늘 높이 올라갈수록 크기가 커져서 스쿨버스 길이만큼 부풀 때도 있어.

지구 대기권 상층에서 치는 번개 중 레드 스프라이트는 꼭 하늘에서 **해파리 촉수**가 아래로 뻗어 내리는 모양이야.

토네이도는 포뮬러 원 경주용 자동차보다 더 빨리 움직일 수 있어.

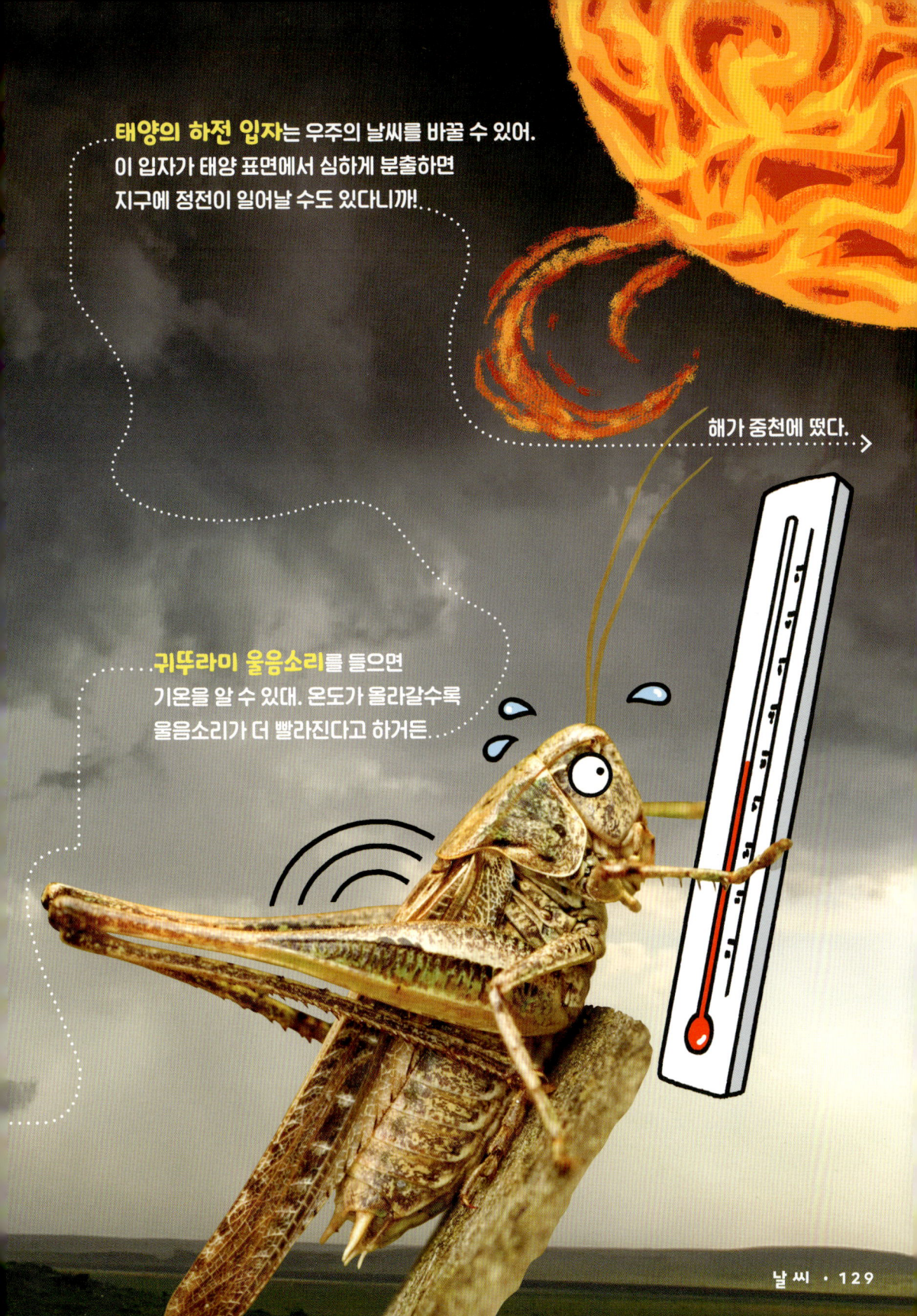

태양은

← **지구**가

100만 개는 들어갈 수 있을 만큼 커.

제왕나비의 더듬이는 빛에 민감해서 태양의 위치를 보고 길을 찾을 수 있어.

달은 매년 지구에서 약 3.8센티미터씩 멀어지고 있어

계속 움직여라!
20쪽으로 가시오.

달 주위를 떠다니는 구름이 있는데, 운석이 달 표면에 충돌했을 때 흩어진 **달의 먼지**로 이루어진 구름이야.

수상한 구름을 타고

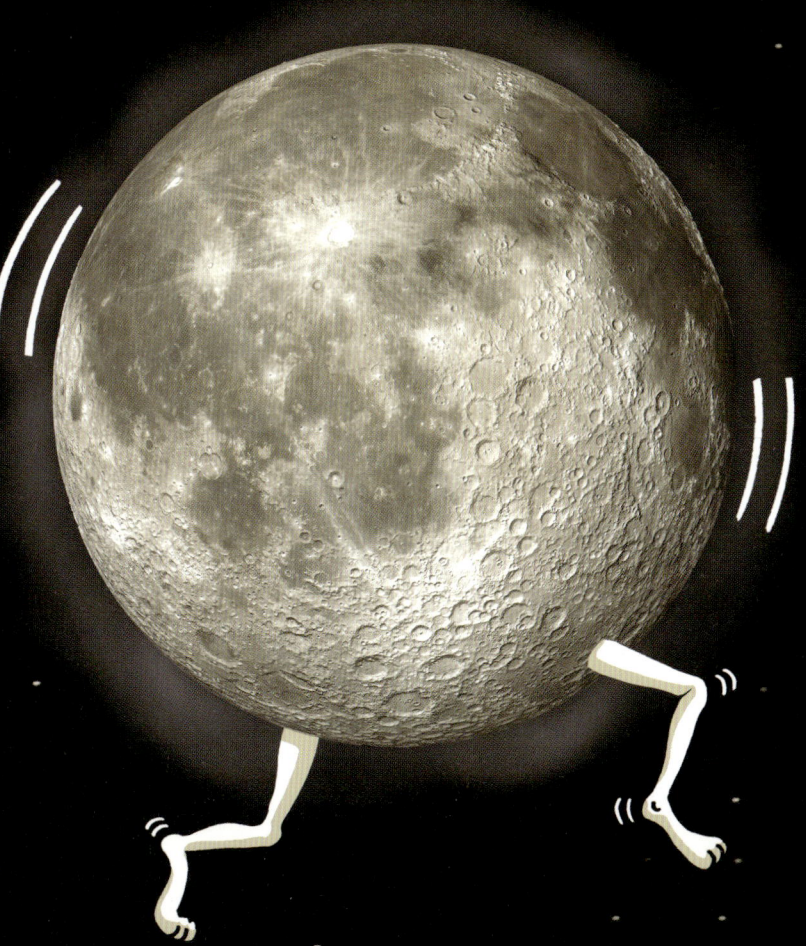

달 · 133

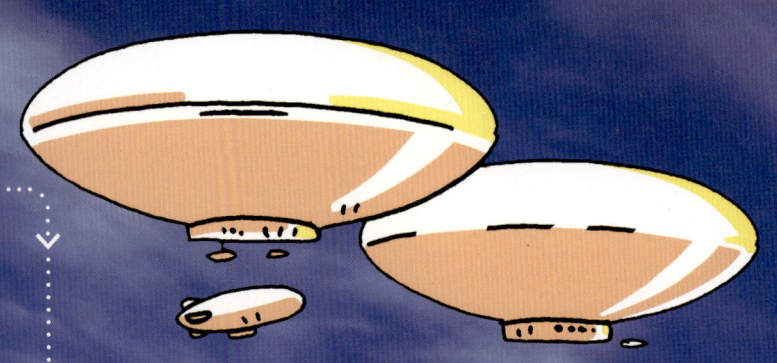

미국 항공 우주국 과학자들이 말하길, 인간은 언젠가 금성의 구름 위에 **떠 있는 도시**에서 살 수 있대.

액체 상태의 물방울로 이루어진 다른 구름과 달리 권운(새털구름)은 **얼음 결정**인 빙정으로 이루어졌어.

적운이라고도 하는 뭉게구름은 **코끼리 100마리** 무게만큼이나 무거워.

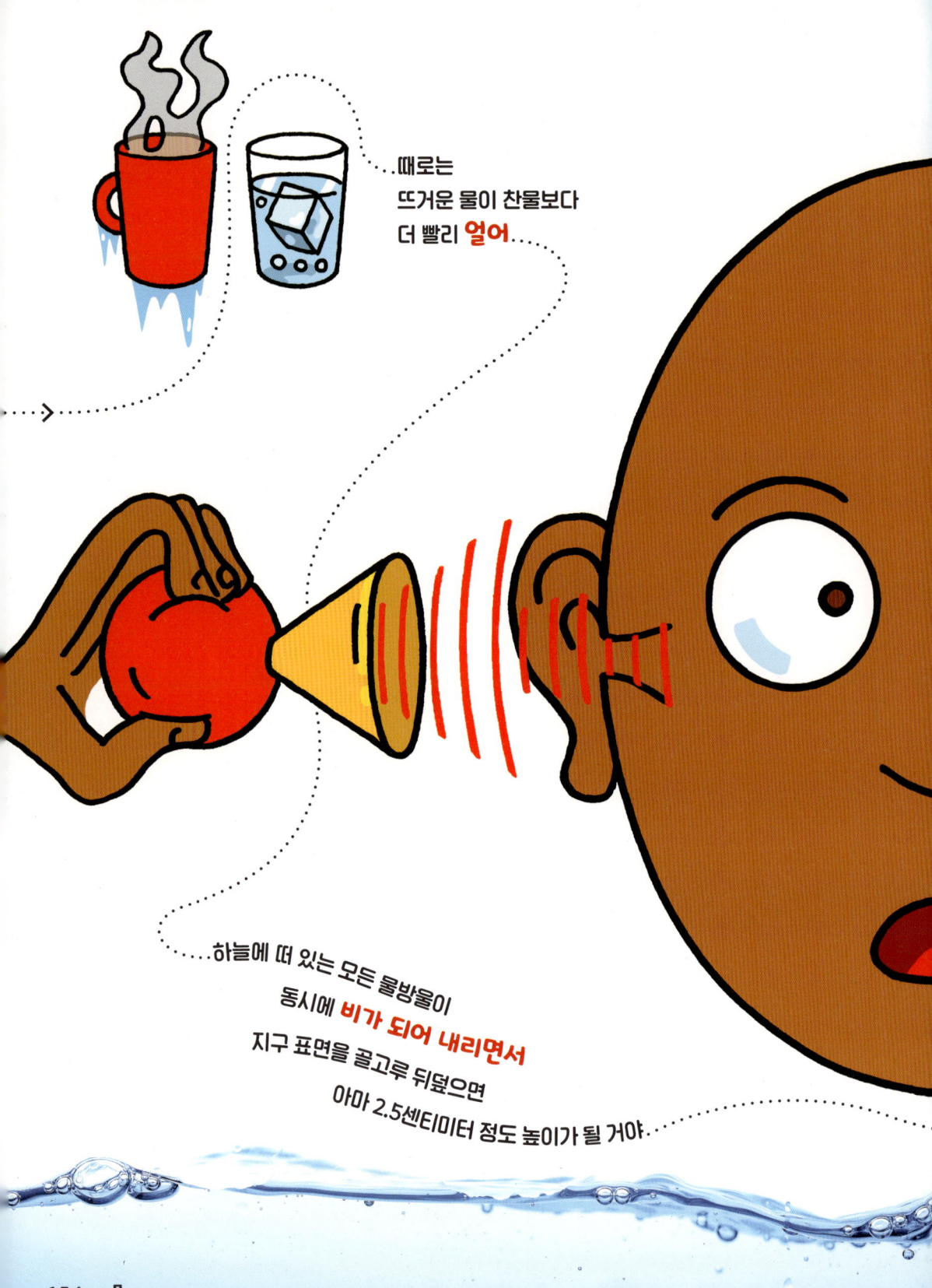

BRITANNICA BOOKS

Work Book

팩토피아

꼬리에 꼬리를 무는 400가지 사실들

바닷가재는 머리로 오줌을 누어서 서로 소통하지.

⑤ 과학 상식

로즈 데이비드슨 글·앤디 스미스 그림·조은영 옮김

시공주니어

교과 연계

과학	
	3-1 2. 물질의 성질 / 3. 동물의 한 살이 / 5. 지구의 모습
	3-2 2. 동물의 생활 / 4. 물질의 상태 / 5. 소리의 성질
	4-1 2. 지층과 화석 / 3. 식물의 한 살이 / 4. 물체의 무게
	4-2 1. 식물의 생활 / 4. 화산과 지진 / 5. 물의 여행
	5-1 1. 과학자는 어떻게 탐구할까요? / 2. 온도와 열 / 3. 태양계와 별 / 5. 다양한 생물과 우리 생활
	5-2 2. 생물과 환경 / 4. 물체의 운동
	6-1 2. 지구와 달의 운동 / 4. 식물의 구조와 기능 / 5. 빛과 렌즈
	6-2 1. 전기의 이용 / 4. 우리 몸의 구조와 기능

미술	3, 4 조형 요소

WELCOME TO FACTopia!

다들 실험복 챙겼어?

지금부터 수백 가지 과학 원리와 상식이 가득한 세계로 갈 거야!

과학이라니, 벌써부터 머리가 아파 온다고?

걱정 마! 엉뚱하고 기발한 과학 이야기가 많아서

즐겁고 신나게 팩토피아를 여행할 수 있지.

아마 저절로 똑똑해지는 걸 느낄 거야.

호기심이 이끄는 대로 책장을 요리조리 펼쳐 봐!

이제 과학이 엄청 재밌어질걸?

팩트력이 쑥쑥 올라가는 **초성 퀴즈**  우주

팩토피아에는 우주에 관한 놀라운 사실들이 많이 나와요. 아래 초성을 보고 빈칸에 들어갈 말을 맞혀 보세요. 초성 퀴즈를 다 풀고 난 뒤에는 나만의 초성 퀴즈를 만들어서 가족, 친구와 함께해 보면 더 좋아요!

1. 중성자별끼리 부딪쳐 폭발이 일어날 때 ㄱ 이 만들어진다.

2. 태양계 소행성 중 약 150개는 ㅇㅅ 을 가지고 있다.

3. ㅇㄹㅇㅎ 에는 기체로 채워진 두 개의 거품이 있다.

4. 우주 비행사들은 ㅎㅅ 에 가는 훈련으로 용암 동굴을 탐사한다.

5. ㅂㄹㅎ 에 들어가면 빠져나올 수 없다.

6. 태양의 하전 입자는 우주의 ㄴㅆ 를 바꿀 수 있다.

7. 옛날 뱃사람들은 밤하늘의 ㅂㄱㅅ 을 보고 길을 찾았다.

8. 달 주위에 떠다니는 구름은 운석이 달에 충돌했을 때 생긴 달의 ㅁㅈ 로 만들어졌다.

9. 어떤 과학자들은 은하계 바깥에 ㅍㅎ ㅇㅈ 가 있다고 생각한다.

10. 우주에서 ㅇㄱㅇ 을 찾을 가능성을 계산하는 수학 공식이 있다.

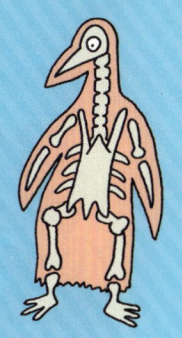

알쏭달쏭! OX로 답해 봐!

팩토피아에는 놀라운 사실들이 정말 많이 담겨 있어요. 팩토피아의 점선 길을 따라 구석구석 여행한 친구들은 누구나 OX 퀴즈 왕이 될 수 있답니다. 나만의 OX 퀴즈를 만들어서 가족, 친구와 함께해 보면 더 좋아요!

1. 화석 '루시'는 록 밴드 비틀스의 노래 제목에서 따온 이름이다.

2. 대부분의 식물은 음악 소리를 들으면 성장을 멈춘다.

3. 사람의 눈은 계속 움직인다.

4. 소금을 태우면 검정색 불꽃이 생긴다.

5. 오염 물질 때문에 바다에 썰물과 밀물이 생긴다.

6. 청설모의 뇌는 가을에 더 커진다.

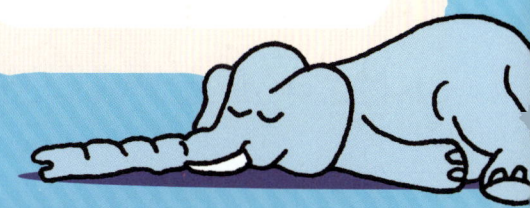

팩트 꼬리 물기

어떤 나방은 ☐ 초음파 소리로 ☐를 쫓아낼 수 있어.

어떤 순록은 걸을 때마다 ☐에서 ☐ 소리가 나. 덕분에 눈보라가 몰아쳐도 무리가 한데 모일 수 있지.

혹멧돼지는 ☐에 쿠션이 있어서 무릎을 꿇고 풀을 뜯어 먹을 수 있어.

인간의 ☐에는 약 12만 5,000개의 ☐ 샘이 있어.

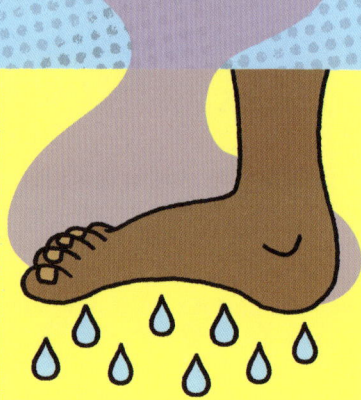

각각의 사실을 연결하는 단어를 찾아보세요. 각 단어를 두 번 사용하여 하나의 사실을 다음 사실과 연결해 보세요.

과학자들은 고대 ☐의 ☐을 조사해서 지구의 기후 변화를 연구했어.

사람의 ☐에는 ☐이 많게는 80퍼센트나 들어 있어. 그리고 대부분 살아 있지.

☐도 ☐의 점액을 당해 낼 수는 없어. 민달팽이 점액은 몸이 움직이는 걸 돕고 세균에 감염되지 않게 보호해 주지.

☐의 몸통은 끈적거리는 근육질의 ☐처럼 움직이면서 표면을 따라 몸을 끌어 준대.

화산에서 썩은 달걀 ☐가 날 때가 있어. 바닥의 황산 가스에서 나는 냄새야.

☐☐가 나는 건 피부에 있는 세균 때문이야.

팩트력이 쑥쑥 올라가는 초성 퀴즈

팩토피아에는 우리 몸에 관한 놀라운 사실들이 아주 많이 나와요. 아래 초성을 보고 빈칸에 들어갈 말을 맞혀 보세요. 다 풀고 난 뒤에는 나만의 초성 퀴즈를 만들어서 가족, 친구와 함께해 보세요!

1. 가상 현실은 사람의 「ㄴ」를 속여 착각하게 만드는 기술이다.

2. 차가운 걸 먹으면 뇌의 「ㅎㄱ」이 넓어져 두통이 생긴다.

3. 모든 사람의 피에는 「ㄱ」이 조금씩 들어 있다.

4. 사람의 혀에는 1만 개의 「ㅁㅂㅇㄹ」가 있다.

5. 우리의 「ㅂㄱ」에 500밀리리터의 오줌을 담을 수 있다.

6. 「ㅂㄲㄷ」은 죽은 피부, 먼지, 기름기가 뭉쳐서 배꼽 안에 생긴 딱딱한 덩어리를 말한다.

7. 인간의 발에는 약 12만 5,000개의 「ㄸㅅ」이 있다.

8. 피부에 있는 「ㅅㄱ」 때문에 땀 냄새가 난다.

9. 물은 소화되는 게 아니라 몸에 「ㅎㅅ」가 된다.

10. 낮에는 척추뼈 사이의 디스크가 지구의 「ㅈㄹ」에 의해 눌려 있다.

알쏭달쏭! OX로 답해 봐!

팩토피아에는 놀라운 사실들이 정말 많이 담겨 있어요. 팩토피아의 점선 길을 따라 구석구석 여행한 친구들은 누구나 OX 퀴즈 왕이 될 수 있답니다. 나만의 OX 퀴즈를 만들어서 가족, 친구와 함께해 보면 더 좋아요!

1. 앵무새만큼 작은 공룡도 있다.

2. 달은 완벽히 동그란 모양이다.

3. 화성에서는 눈도 바람도 없다.

4. 화식조의 알은 초록색이다.

5. 귀뚜라미의 울음소리는 온도가 떨어지면 빨라진다.

6. 매년 달은 지구에서 멀어지고 있다.

단어를 찾아라!

<보기>의 □ 안에 들어갈 단어를 아래의 글자 속에서 찾아보세요.

보기
1. 인간은 다른 색깔보다 □□색을 더 다양하게 구분한다.
2. □□□□은 360도로 볼 수 있고, 두 눈이 각각 따로따로 움직인다.
3. □□□□는 머리로 오줌을 누어서 의사소통을 한다.

카	노	란	색	주	사	집	초
멜	랑	바	공	막	막	물	구
레	소	다	기	판	검	정	가
온	방	공	룡	배	설	물	아
소	라	게	초	화	갈	색	수
의	사	똥	록	장	노	실	술
코	끼	리	썩	주	황	소	코
바	닷	가	재	센	소	라	마

빙고를 외쳐라!

《팩토피아 ⑤》에 나온 팩트 중에 엉뚱하고 신기하고 재미있는 팩트를 골라 빙고판을 채워 보세요. 가장 먼저 세 줄 빙고를 외친 사람이 진정한 팩토피언! 가족, 친구와 함께 빙고 게임을 해 보세요.

가로세로 낱말 퍼즐

가로와 세로에 주어진 힌트를 보고 아래의 낱말 퍼즐을 맞춰 보세요.

가로 힌트

㉠ ☐☐☐☐은 지구에서 중력이 가장 약한 곳이다.

㉡ 어떤 나방은 딸까닥거리는 ☐☐☐ 소리로 박쥐를 쫓아낼 수 있다.

㉢ 아쿠아리우스 연구소는 세계 유일 수중 연구소로, 그곳의 과학자들을 해중 ☐☐☐이라고 부른다.

㉣ ☐☐☐☐☐는 인간이 지구에서 발견한 천연 물질 중 가장 단단하다.

㉤ 93도의 뜨거운 물이 흐르는 ☐☐☐ 우림에는 수많은 개미가 살고 있다.

㉥ ☐☐☐☐☐☐☐는 매년 북쪽으로 7센티미터씩 이동하고 있다.

세로 힌트

❶ 동남아시아 보르네오섬에서 ☐☐가 없는 개구리가 발견되었다.

❷ 히말라야산맥 꼭대기의 ☐☐☐이 녹은 물은 땅까지 흘러가 농작물에 물을 준다.

❸ 마른 ☐☐에 불이 나면 1분에 183미터 속도로 불길이 번진다.

❹ 스마트워치 표면에는 단단하고 잘 긁히지 않는 ☐☐☐☐가 사용된다.

❺ 종이에 ☐☐☐☐로 글씨를 쓰고 나서 열기 가까이 대면 글씨가 보인다.

❻ ☐☐☐☐는 매년 불이 가장 많이 나는 대륙이다.

❼ 어떤 과학자들은 ☐☐☐를 줄이기 위해 곰팡이로 드론을 만드는 중이다.

11

팩트를 찾아라!

호기심을 가지고 주변을 잘 살펴보세요. 우리 주변에는 깜짝 놀랄 만한 과학 원리와 상식이, 또 재미있는 과학 이야기들을 찾을 수 있어요. 과학에 대한 흥미로운 사실들을 찾아 나만의 과학 팩토피아를 만들어 보세요!

체크 체크! 정답 확인

2쪽 금(60쪽), 위성(41쪽), 우리은하(71쪽), 화성(85쪽), 블랙홀(112쪽), 날씨(129쪽), 북극성(141쪽), 먼지(133쪽), 평행 우주(110쪽), 외계인(74쪽)

3쪽 O(11쪽), X(14쪽), O(34쪽), X(62쪽), X(72쪽), O(80쪽)

4-5쪽 (190-191쪽 참고)

6쪽 뇌(22쪽), 혈관(24쪽), 금(43쪽), 맛봉오리(45쪽), 방광(44쪽), 배꼽돌(176쪽), 땀샘(190쪽), 세균(191쪽), 흡수(87쪽), 중력(44쪽)

7쪽 O(86쪽), X(103쪽), X(116쪽), O(120쪽), X(129쪽), O(132쪽)

8쪽

초록(151쪽), 카멜레온(150쪽), 바닷가재(184쪽)

10-11쪽

		허	드	손	만	
	초	음	파		년	
탐	사	원			설	
	파		레			
다	이	아	몬	드		아	마	존
	어		주		쓰		프	
		오	스	트	레	일	리	아
					기		카	

가로
㉠ 허드슨만(174쪽)
㉡ 초음파(190쪽)
㉢ 탐사원(58쪽)
㉣ 다이아몬드(60쪽)
㉤ 아마존(142쪽)
㉥ 오스트레일리아(141쪽)

세로
❶ 허파(162쪽)
❷ 만년설(179쪽)
❸ 초원(122쪽)
❹ 사파이어(50쪽)
❺ 레몬주스(103쪽)
❻ 아프리카(123쪽)
❼ 쓰레기(96쪽)

과학의 세계로 출발

팩토피아!

과학자들이 실험하고 발로 뛰어 찾아낸 엄청난 사실들

얼른 실험복으로 갈아입고 와!
이 책에는 과학, 기술, 공학, 수학의 사실들이
상상조차 할 수 없는 놀라운 방식으로 연결되어 있어.
상어의 눈에 대한 사실에서 **세상에서 가장 작은
오토바이**에 대한 사실로, **광물**에 대한 사실에서
코알라에 대한 사실로 이어지지.

팩토피아의 길을 따라가다 보면 세상을 보는 눈이
더욱 특별해질 거야! 자, 이제 탐험을 시작해 볼까?

이 책에 나오는 모든 사실은 브리태니커에서 검증되었습니다.

구슬이 서 말이라도 꿰어야 보배! 지식도 마찬가지예요.
수백 개의 지식이 있어도 잘 꿰지 못하면 모래처럼 흩어져
날리는 잡음과도 같지요. 이 책에서는 낱개로 흩어져 있던
400개의 과학 상식을 한 줄로 꿰어 인간을 둘러싼
과학 생태계라는 보배를 만들었답니다. 각 구슬에 우리
인간을 비춰 볼까요?

★ 이정모(전 국립과천과학관장) ★

박쥐, 고래, 돌고래는 음파를 쏠 수 있어.
음파가 근처의 물체를 **맞고 돌아오면**
그 소리를 듣고 길을 찾지.

어떤 바이올린은 독특한 음색을
내기 위해 **곰팡이**를 처리한
나무로 만들어.

우리 집이 어느 쪽이지?

기원전 200년경 중국에서 처음 발명된 나침반은 숟가락 모양의 **자철석**으로 만들었어. 숟가락의 손잡이가 남쪽을 가리키지.

귀소본능이 있는 비둘기를 이용해 **소식을 전하기** 시작한 건 고대 이집트 시대부터였어. 비둘기는 수천 킬로미터 떨어진 곳에서도 제 둥지로 돌아갈 수 있거든.

초기 뱃사람들은 북반구를 항해할 때면 밤하늘에서 북극성을 보고 길을 찾았어. **북극성**은 북극 바로 위에 떠 있거든.

반짝반짝 작은 별.

호주는 매년 **북쪽으로** 약 7센티미터씩 이동하고 있어. 2017년에 호주 정부는 국가의 GPS 좌표를 1.8미터 재조정했어.

북극여우의 털은 겨울철에는 **하얀색**이야. **눈**과 잘 섞이기 위해서지. 여름이 되면 털 색이 더 짙어지고 말이야.

빙하 속 생물은 **눈** 위에서 자라는 조류를 먹고 살아. 얼음벌레는 빙하 속에 사는 **지렁이**인데 하루에 두 번씩 빙하 표면으로 올라와 조류를 먹고 내려가.

우주의 별들은 온도에 따라 각각 파란색, 노란색, 주황색, 빨간색, **하얀색**을 띠어.

헬륨은 **끓는점**이 영하 268.9도로 아주아주 낮아.

목성의 **비**는 **헬륨**으로 이루어졌어. 파티 풍선을 공중에 띄울 때 채워 넣는 기체야.

물이 '**끓는 강**'이 **아마존 우림**에서 흐르고 있어. 온도가 섭씨 93도로 끓는점에 가깝지.

아마존 우림에는 셀 수 없이 많은 **개미**가 살고 있어. 다 합치면 그곳에 사는 원숭이들의 무게보다 무거울 거야.

개구리의 토사물에서 새로운 **개미** 종이 발견된 적이 있어. **토사물**을 뒤져 본 거야?

142 · 팩트 꼬리 물기

지렁이는 피부에 소리를 감지하는 특별한 세포가 있어서 소리를 들을 수 있어.

우주에서는 소리가 들리지 않아. 소리를 전달할 공기가 없기 때문이지.

모든 동물이 공기를 들이마시고 숨을 쉬어야 하지만, 어떤 바퀴벌레는 물속에서 숨을 쉬지 않고 30분이나 버틸 수 있어.

과학자들이 바퀴벌레에게 달의 표면에서 수집한 먼지를 먹여 봤어.

빗방울에는 먼지가 조금씩 들어 있어. 먼지 섞인 비야.

어떤 물고기는 위장을 밖으로 토해 내서 청소한대. 상어 같은 물고기가 그런다는군.

사람의 팔다리와 허파를 만드는 유전자 암호는 5,000만 년 전에 살았던 물고기에서 왔어. 지금도 모든 인간의 몸에 남아 있지.

유전자는 기억한다.

어떤 **문어**는 유전자를 조작해서 환경에 적응한대

야생 코끼리는 **하루에 겨우 두 시간만** 잠을 자. 그렇게 적게 자는 포유류는 없어...

토끼는 **눈을 뜨고** 잘 수 있어...

약 15퍼센트의 아이들에게 **몽유병** 증세가 있어.

미 항공 우주국 과학자들의 말에 따르면 **완벽한 낮잠**은 10분에서 20분 정도래.

게임 시작!

비디오 게임을 하는 사람들은 **자각몽**을 경험할 가능성이 더 크대. 자각몽은 꿈인 줄 알고 꾸는 꿈을 말해.

UN은 전 세계의 **전통 스포츠와 게임**을 영상으로 기록해 보존하는 국제 프로젝트를 진행하고 있어.

적당한 비디오 게임은 **인간의 뇌를 바꾸어서** 더 집중하게 도와주지.

자세히 보자.

게임 · 149

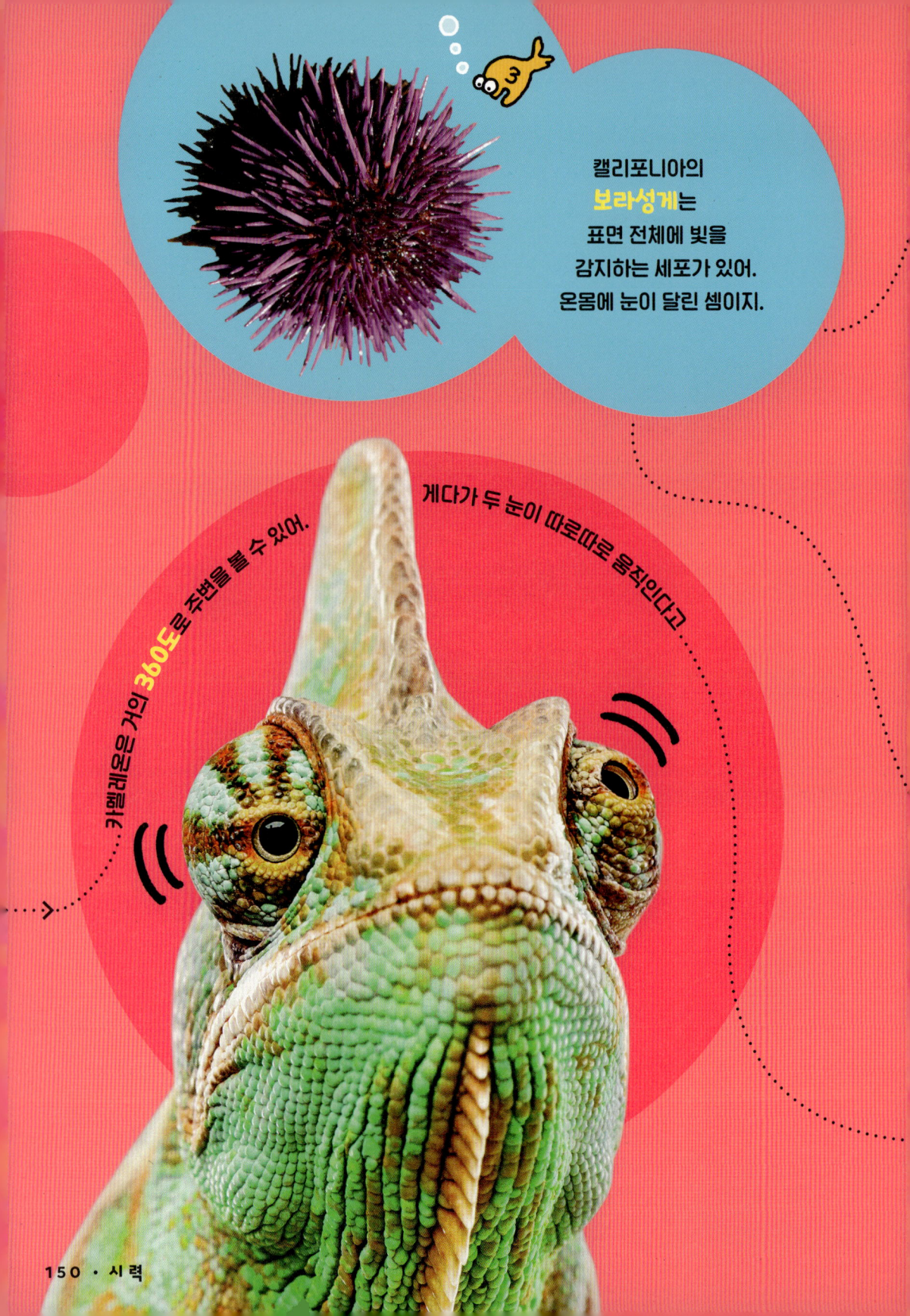

캘리포니아의 **보라성게**는 표면 전체에 빛을 감지하는 세포가 있어. 온몸에 눈이 달린 셈이지.

카멜레온은 거의 **360도**로 주변을 볼 수 있어. 게다가 두 눈이 따로따로 움직인다고.

인간은 다른 색깔보다 **초록색**을 더 다양하게 구분할 수 있어.

특수 카메라로 **상어처럼 앞을 보았더니** 상어가 바다의 어둠 속에서 서로를 향해 빛을 밝히더래...

올빼미는 눈동자를 움직이지 못해. 대신 직접 **머리를 돌려서** 다른 방향을 보지.

요리한 발음폼.

····· 세상에서 **가장 작은 오토바이**는 높이가
탄산음료 캔 너비밖에 안 돼. 스웨덴 발명가가
스몰 토[Small toe]라는 이름을 붙여 주었지.
그걸 타고 10미터나 달렸다나. ·········

어느 회사에서 주인이 원격으로
조종할 수 있는 **반려견 문**을 만들었어.
목걸이에 달린 칩으로 강아지가 직접
여닫을 수도 있지. 주인이 밖에 있을 때는
실시간 영상과 양방향 오디오로
강아지와 이야기를 나눌 수도 있어. ···

비사얀워티피그는 **나무껍질** 조각을 이용해서 집 지을 땅을 파곤 해.

구멍벌은 둥지로 이어지는 터널 입구에 흙을 채우고 **조약돌**로 눌러서 입구를 밀봉해.

고대 중국인은 **거울**에 햇빛을 반사해 불을 피운 최초의 사람들 중 하나야.

호주의 윙겐산은 '**불타는 산**'이라는 별명으로 불려. 표면 30미터 아래에서 불이 났는데 6,000년도 넘게 계속 타고 있거든.

피스타치오 오일은 가열하면 갑자기 **불이 붙을 수 있어**.

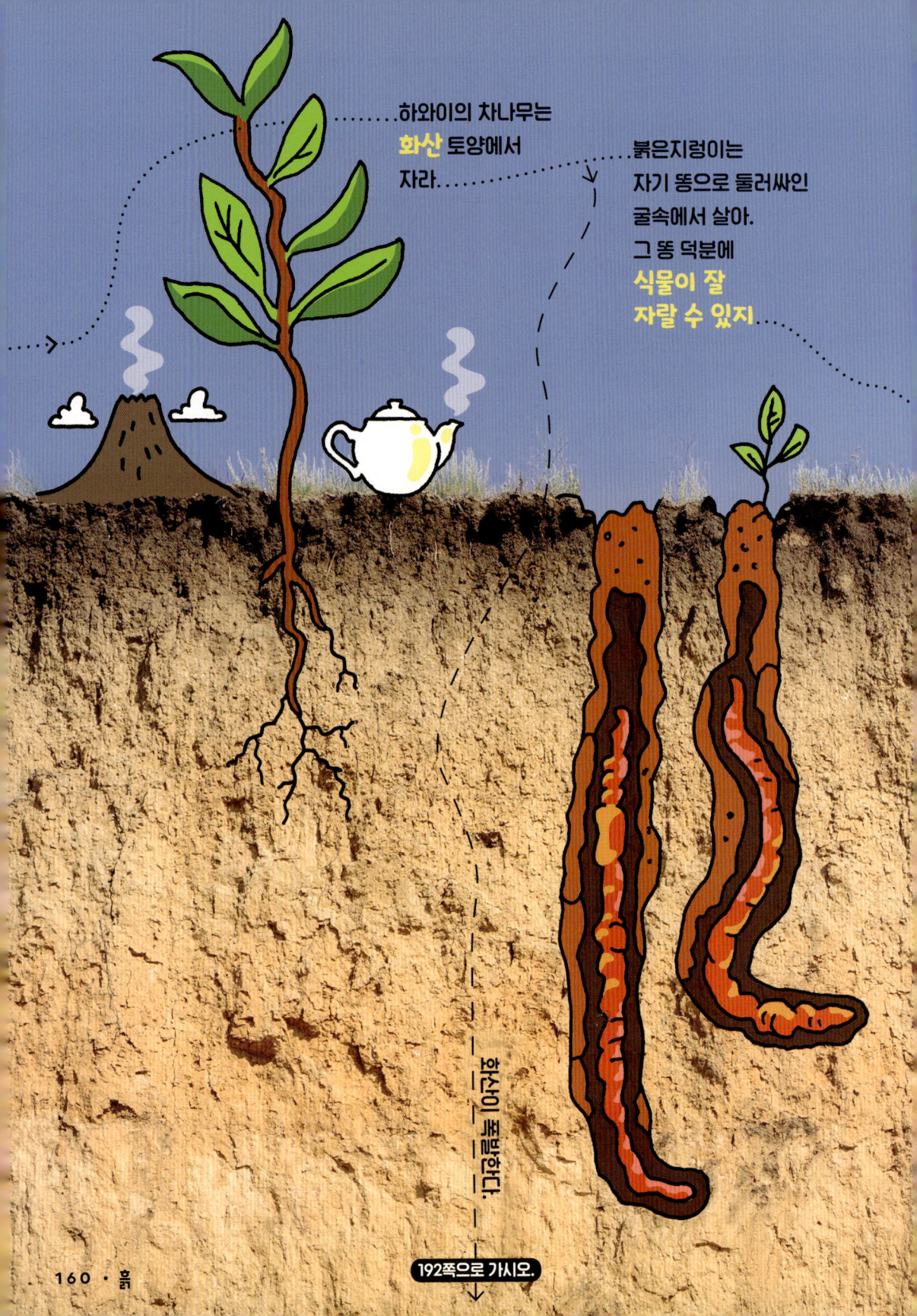

동남아시아의 보르네오섬에서 **허파**가 없는 개구리가 발견되었어.

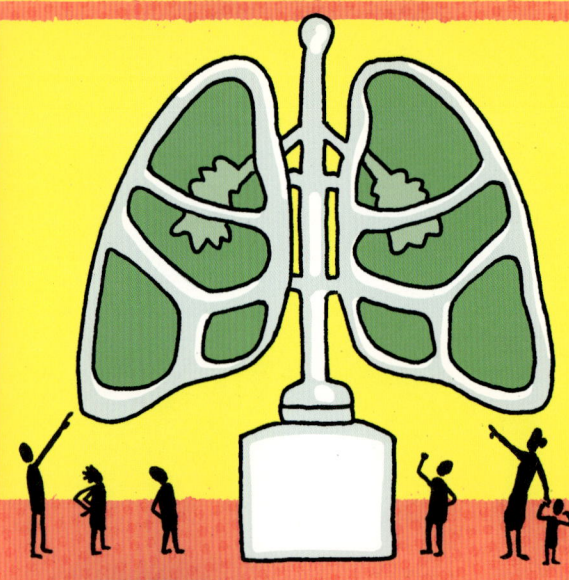

한 에너지 회사에서 5미터짜리 **허파** 조형물을 만들고 여러 색깔의 기체로 채워 **런던**의 심각한 대기 오염을 나타냈어.

기린은 태어난 **날**에 바로 **걸을** 수 있어.

걸어서 지구의 **적도**를 한 바퀴 돈다면 5,000만 보나 걸어야 해.

우리 태양계에 행성이 생기기 전에 태양의 **적도**는 **가스**와 먼지가 소용돌이치는 원반으로 둘러싸여 있었어. 이 원반에서 행성들이 생겼지.

런던 사람들은 거대한 시계탑, 빅 벤을 보고 시간을 알 수 있어. 기술자들이 **시계** 내부에 동전을 넣어서 정확도를 유지하지.

고대 이집트인들은 **시계**를 만들 때 **그림자**가 생기는 돌을 이용했어.

그림자는 같은 시간이라도 여름**날**보다 겨울날에 더 길어지지.

해파리 독은 언젠가 암과 같은 질병을 치료하는 데 사용될지도 몰라.

어떤 은하계에는 **가스**가 긴 촉수처럼 흐르기 때문에 과학자들이 '**해파리** 은하계'라고 불러.

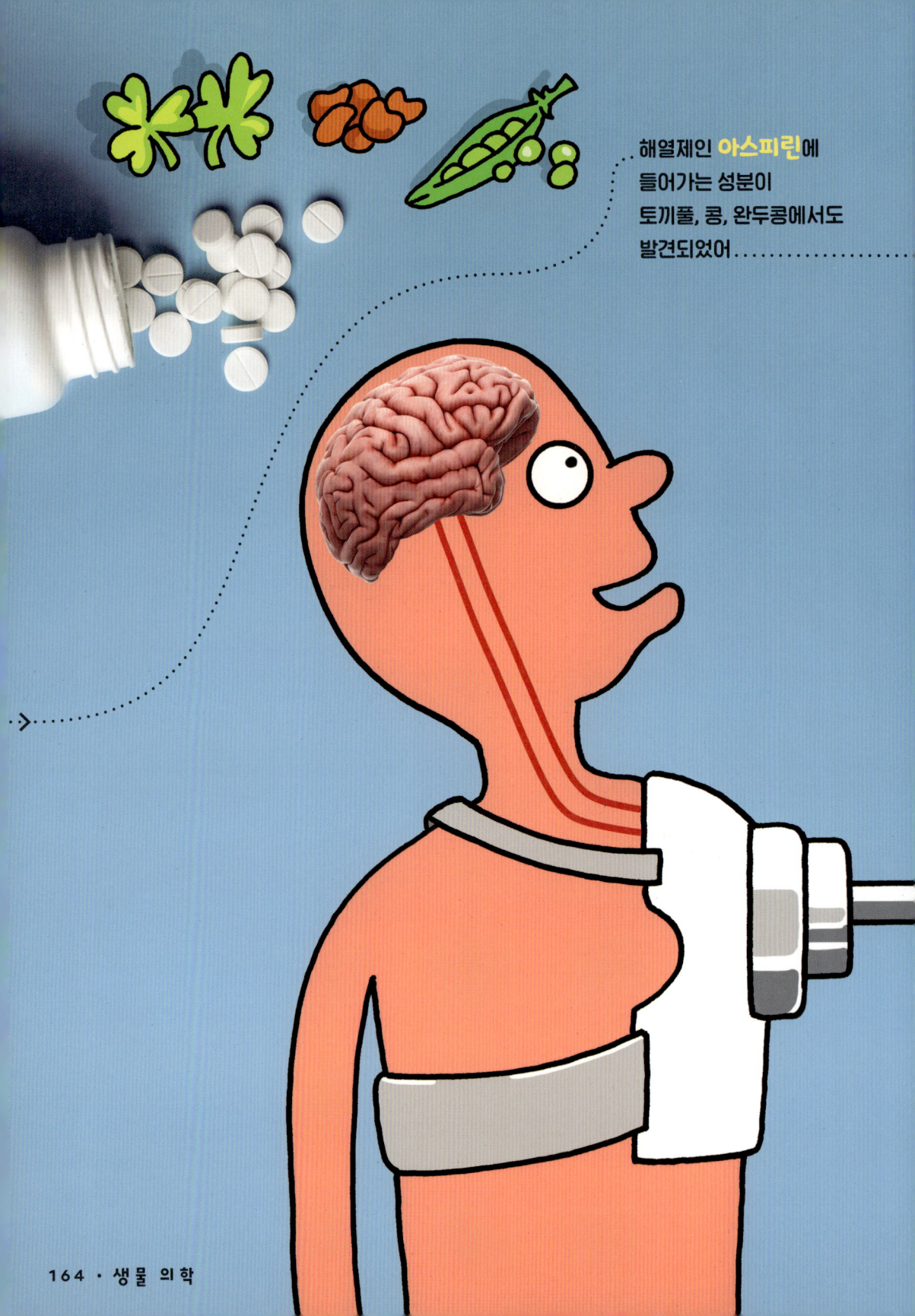

해열제인 **아스피린**에 들어가는 성분이 토끼풀, 콩, 완두콩에서도 발견되었어......

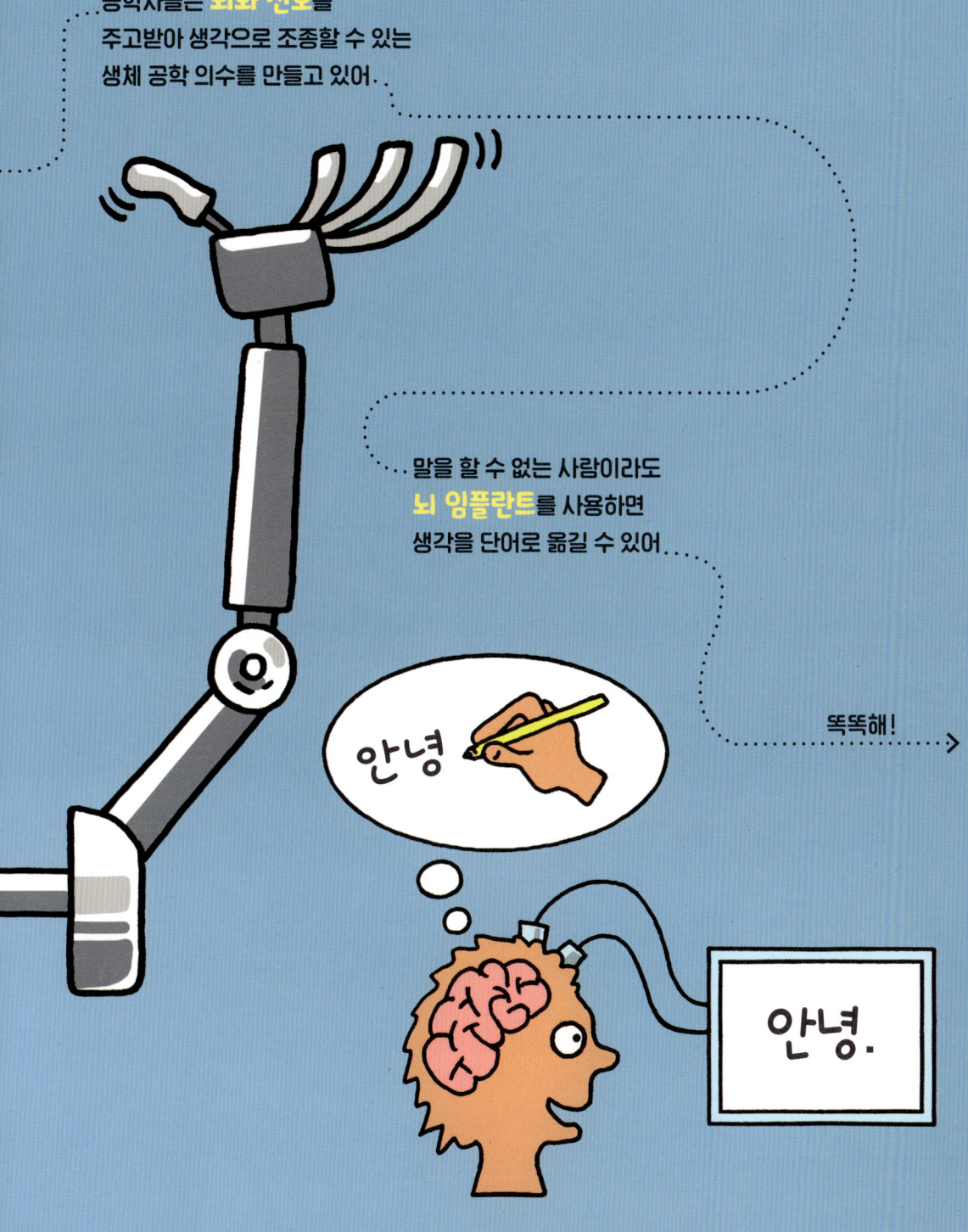

과학자들이 3D 프린터를 사용해서 부리를 다친 왕부리새에게 **새로운 부리**를 만들어 주었어.

남극에서 발견된 고대 새의 화석은 **날개를 편 길이**가 2층짜리 건물의 높이보다 길다지 뭐야.

……새는 지금까지 살아 있는 동물 중에서 **티라노사우루스 렉스**와 가장 가까운 친척이야.……

벌새는 **뒤로도 쭉쭉** 날 수 있는 유일한 새야.

완벽한 깃털이군

공작은 짝에게 잘 보이려고 깃털을 **파르르 떨어**.

건강한 머리카락은 젖었을 때
고무줄 만큼이나 탄력이 좋아.

젖은 모리의 물리학을 연구하기 위해 과학자들이 모였다지.

코끼리는 피부에 **미세한 털**이 덮여 있어서 시원하게 지낼 수 있는 거래.

지구에서는 근육이 몸의 무게를 지탱하는 일을 해.
하지만 우주에 머무는 우주 비행사는 몸무게가
거의 나가지 않기 때문에 근육이 열심히 일할 필요가 없어.
매일 두 시간씩 운동하지 않으면 우주 비행사는
근육이 약해져 버릴 거야.

근육이 줄어든다!

중력 · 175

공룡 리무사우루스 이넥스트리카빌리스는 자라면서 **이빨**이 모두 빠진대. 그다음 새 이빨이 나는 대신 **부리**가 자라지.

넓적**부리**황새는 친구를 만나면 **신발** 모양의 부리를 부딪쳐서 인사를 나눠.

치아가 턱의 근육을 사용해서 음식을 씹는 압력은 냉장고가 통째로 새끼발가락에 떨어질 때의 힘과 같아.

화학자들이 말하길, 지구에서 가장 심한 **악취**는 스컹크 방귀의 분자에서 나온대. 썩은 고기와 **입** 냄새에도 같은 분자가 들어 있다지.

세상에서 가장 매운 고추인 '용의 **입**김'은 옛날에는 수술 전에 **피부**를 마비시키는 천연 약물로 재배되었대.

'배꼽돌'이라고도 하는 제석은 죽은 **피부**, 먼지, 기름기가 뭉쳐서 **배꼽** 안에 생긴 딱딱한 덩어리를 말해.

한 연구자와 예술가가 **배꼽**에서 자라는 미생물로 새로운 종류의 **치즈**를 만들었다지 뭐야.

어느 **신발** 회사에서 신발 밑창 재료를 우주로 보내어 실험하고 있어. 그 물질이 **중력**이 낮은 곳에서는 어떻게 반응하는지를 연구해서 더 나은 신발을 만들려는 거래.

중력이 줄어든 우주에서도 어떤 **세균**은 평소보다 더 빨리 자라고 돌연변이도 많이 생긴대.

거의 모든 **물고기**에는 척추가 있어. 축 늘어진 **양말**처럼 생긴 콧물장어(먹장어)를 빼고 말이지.

어떤 물고기의 점액 속 **세균**은 끈적한 방어막이 되어 **물고기**를 다른 병균으로부터 보호해 줘.

땀내 나는 **양말**의 악취는 모기를 끌어들여.

긴 원정을 떠나는 탐험가들은 건강을 위해 신선한 **우유**가 필요하다고 주장했어. 결국 1930년대 한 탐험대는 젖소 세 마리를 **남극**까지 데리고 갔지.

치즈는 고대에 사람들이 동물의 위장으로 만든 주머니에 **우유**를 보관했다가 우연히 발명된 음식이야.

세계에서 가장 긴 빙하는 1950년대 **남극** 근처에서 처음 발견되었는데 길이가 약 708킬로미터였어.

팩트 꼬리 물기 · **177**

빙하는 지구에 있는 민물의 4분의 3을 저장하고 있어.

어떤 빙하는 빛깔이 푸른색이야. 얼음이 너무 촘촘해서 빨간색 빛과 노란색 빛을 흡수해 버리거든.

민물으로 점또!

136쪽으로 가시오.

히말라야산맥 꼭대기의 **만년설이 녹은** 물은 수천 킬로미터나 떨어진 낮은 땅까지 흘러가 농작물에 물을 준대.

농장으로 출발!

어떤 버터는 원래 노란색이래. 소가 먹는 풀과 **꽃**에서 노란색이 나오지.

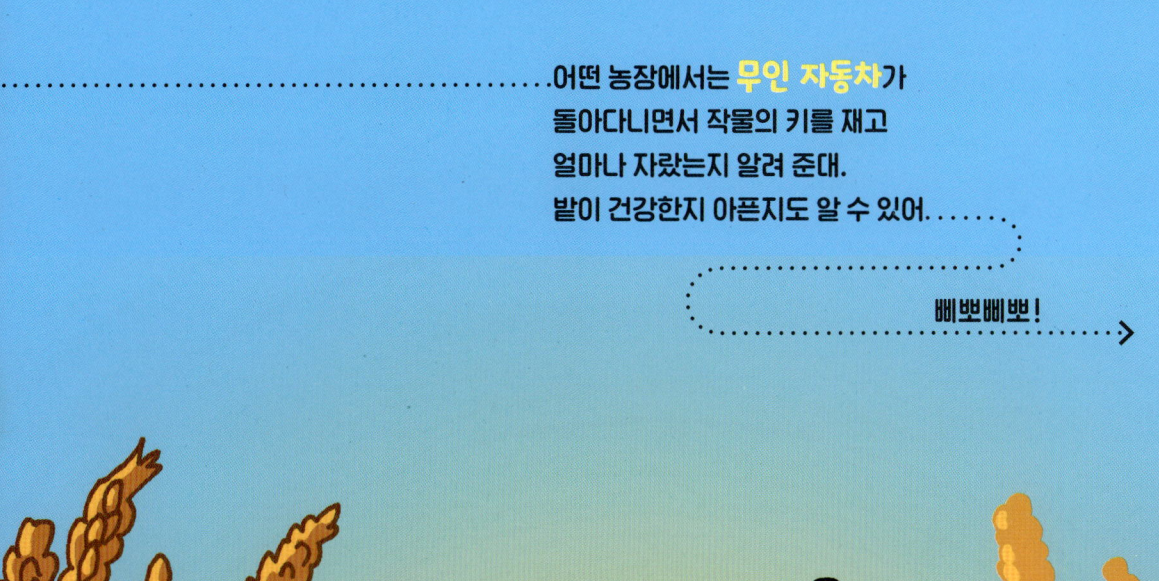

어떤 농장에서는 **무인 자동차**가 돌아다니면서 작물의 키를 재고 얼마나 자랐는지 알려 준대. 밭이 건강한지 아픈지도 알 수 있어.

삐뽀삐뽀!

…바닷가재는 머리로 오줌을 누어서 서로 의사소통을 한대. 꼭 그래야 하는 거니?

바다소라고도 부르는 매너티는 수면 가까이에서 아주 느…릿…느…릿… 헤엄치지. 오죽하면 등에 해조류가 자란다지 뭐야. 어지간히 느린가 보다.

해마는 이빨도 위도 없어

버섯을 닮은 어떤 생물을 보고 다들 새로운 종인 줄 알았는데 알고 보니 해파리의 일부였대. 귀찮으면 떼어서 내버린다지

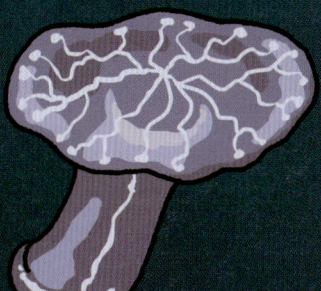

물에 떠다니는 갓버섯

멋진 이빨!
18쪽으로 가시오.

해 양 생 물 · 185

곰팡이와 나무는 서로 협력해서 살고 있어. 나무뿌리는 곰팡이에게 필수 영양소를 주고, 곰팡이는 나무가 **화학 신호**로 다른 나무와 이야기하게 돕지.

과학자들은 플라스틱을 몇 주 만에 **분해할** 수 있는 곰팡이를 발견했어. 원래 플라스틱이 분해되는 데는 1,000년이나 걸리거든.

친구를 찾아라!

곰팡이는 식물을 **에탄올**로 바꿀 수 있어. 에탄올은 자동차 연료로도 사용되지.

콜롬비아렛서블랙타란툴라와 점박이허밍개구리는 **같은 굴에서 살아**. 타란툴라는 개구리를 포식자로부터 지켜 주고 개구리는 타란툴라의 알을 노리는 개미를 먹어 치우지.

몽구스는 혹멧돼지 등에 사는 해충인 진드기를 간식으로 잡아먹어. 디즈니 영화 〈라이온 킹〉에 나오는 티몬과 품바의 **특별한 관계**처럼 서로 돕는 셈이지.

서로 돕는 동물들

공생 관계 • 189

어떤 나방은 **딸까닥거리는** 초음파 소리로 **박쥐**를 쫓아낼 수 있어.

어떤 순록은 걸을 때마다 **무릎**에서 **딸까닥거리는** 소리가 나. 덕분에 눈보라가 몰아쳐도 무리가 한데 모일 수 있지.

인간의 **발**에는 약 12만 5,000개의 **땀샘**이 있어.

혹멧돼지는 **무릎**에 쿠션이 있어서 무릎을 꿇고 풀을 뜯어 먹을 수 있어.

과학자들은 고대 **박쥐**의 **똥**을 조사해서 지구의 기후 변화를 연구했어.

사람의 **똥**에는 **세균**이 많게는 80퍼센트나 들어 있어. 그리고 대부분 살아 있지.

세균도 **민달팽이**의 점액을 당해 낼 수는 없어. 민달팽이 점액은 몸이 움직이는 걸 돕고 세균에 감염되지 않게 보호해 주지.

민달팽이의 몸통은 끈적거리는 근육질의 **발**처럼 움직이면서 표면을 따라 몸을 끌어 준대.

화산에서 썩은 달걀 **냄새**가 날 때가 있어. 바닥의 황산 가스에서 나는 냄새야.

땅 냄새가 나는 건 피부에 있는 세균 때문이야.

화산이 폭발한다!

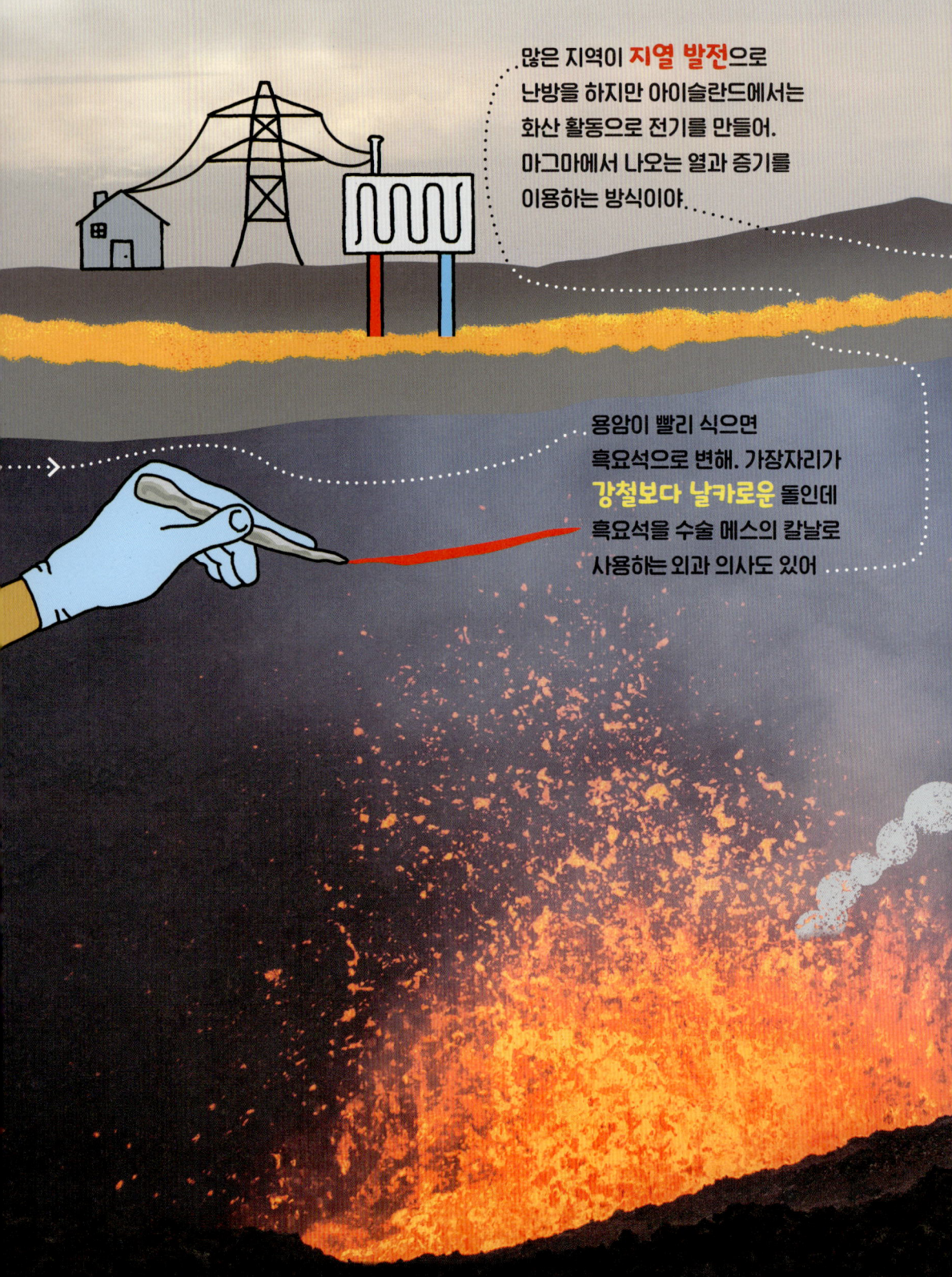

많은 지역이 **지열 발전**으로 난방을 하지만 아이슬란드에서는 화산 활동으로 전기를 만들어. 마그마에서 나오는 열과 증기를 이용하는 방식이야.

용암이 빨리 식으면 흑요석으로 변해. 가장자리가 **강철보다 날카로운** 돌인데 흑요석을 수술 메스의 칼날로 사용하는 외과 의사도 있어

96쪽으로 가시오.

친환경으로!

바다 밑에도 화산이 있어. **가장 깊은 곳에서 터진 화산**은 수면 아래 4.8킬로미터 깊이에서 폭발했어.

화산에서 나오는 스모그를 **보그(vog)** 라고 불러. 황산처럼 물체를 부식시키지.

푸른색 광물을 가져!

러시아의 어느 화산 꼭대기에서 페트로바이트라고 하는 새로운 종류의 푸른색 광물이 발견되었어.

와 는

색깔은 다르지만,
강옥이라는 같은 광물로 이루어졌어.

알렉산드라이트는 다른 빛 아래에서 **색깔이 달라져**. 햇빛에서는 초록색, 촛불 아래에서는 빨간색이 되지.

'**디지털 쌍둥이**'는 가상의 자신이야. 디지털 쌍둥이를 만들기 위해 사람의 몸에 관한 데이터를 수집하는 기술이 개발 중이래. 의사가 환자의 건강을 확인할 때도 디지털 쌍둥이를 이용할 수 있어.

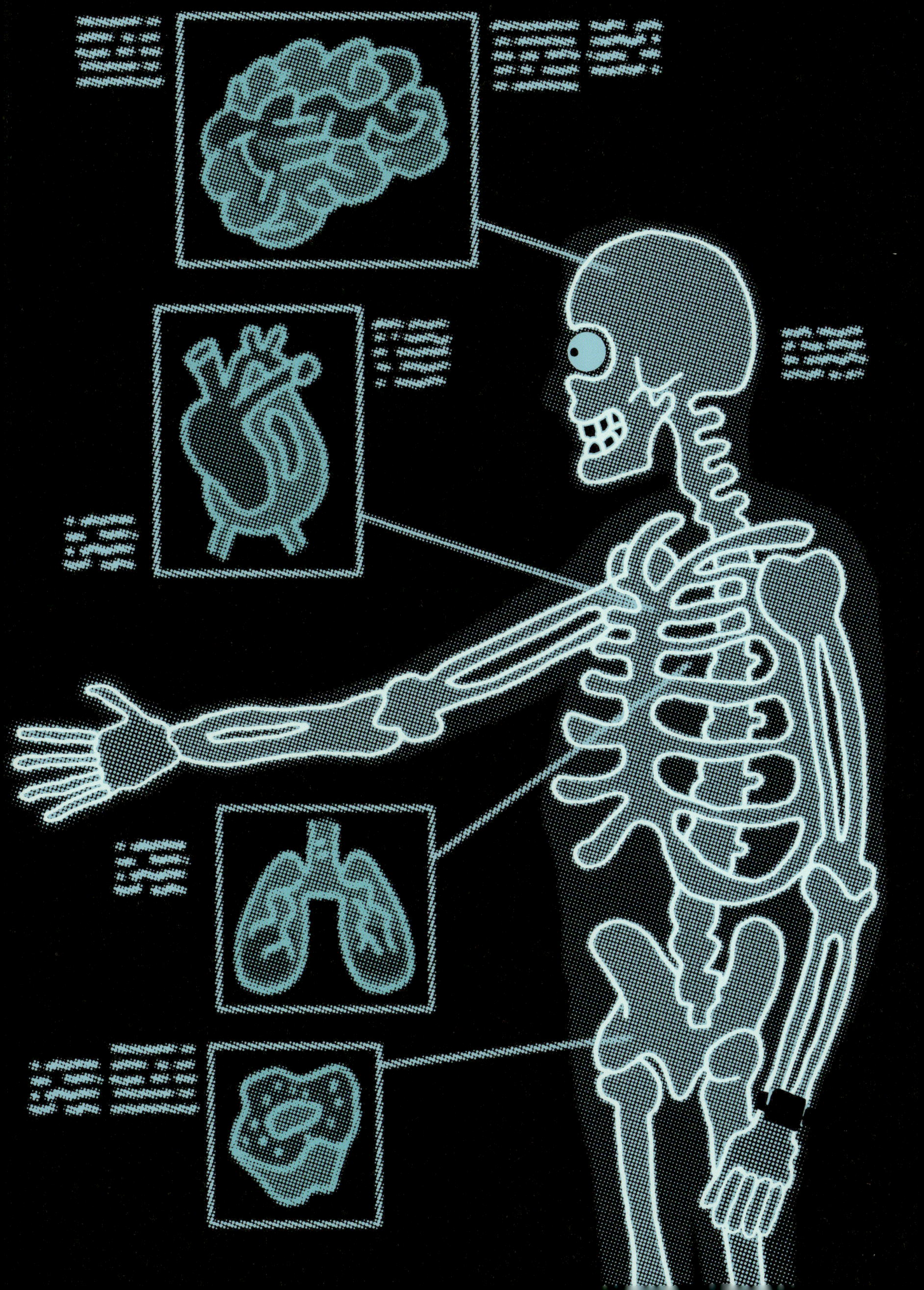

과학 퀴즈

이번 팩토피아를 여행하면서 화산부터 비디오 게임까지 과학자들이 연구한 많은 사실을 발견했어. 과학을 연구하는 학문은 나름의 이름이 있어. 머리카락을 연구하는 학문을 모발학이라고 부르는 것처럼 말이야. 그럼 각각 어떤 걸 연구하는 학문인지 연결해 볼까?

1. 치의학 Odontology (우적우적)
2. 시계학 Horology (째깍째깍)
3. 어류학 Ichthyology (지느러미를 달고 헤엄치지)
4. 혈액학 Hematology (몸속의 빨간 액체)
5. 보석학 Gemology (반짝거리는 돌)
6. 독성학 Toxicology (먹으면 안 돼)
7. 생물계절학 Phenology (봄 여름 가을 겨울)
8. 조란학 Oology (새가 낳는 건?)
9. 기상학 Meteorology (오늘의 날씨는?)
10. 태양학 Heliology (눈부신 햇빛)
11. 수문학 Hydrology (콸콸)
12. 수면학 Somnology (쿨쿨)
13. 게임학 Ludology (즐거운 놀이)
14. 열학 Pyrology (앗, 뜨거워!)
15. 조류학 Ornithology (짹짹)
16. 깃털학 Plumology (가볍게 하늘을 날지)
17. 빙하학 Glaciology (기후 변화로 녹고 있어)
18. 균류학 Mycology (곰팡이)
19. 화산학 Volcanology (폭발한다)
20. 곤충학 Entomology (윙윙)

a. 물고기
b. 알
c. 치아
d. 깃털
e. 게임
f. 불
g. 새
h. 잠
i. 날씨
j. 계절
k. 빙하
l. 균류
m. 곤충
n. 보석
o. 화산
p. 피
q. 시간
r. 독
s. 태양
t. 물

정답은 205쪽에 있어요.

찾아보기

ㄱ

가상 현실 21-2
가스(기체) 39, 71-2, 93, 113, 142, 162-3, 191
갈라파고스땅거북 87
감각 34, 114
감자 60
강 68
강옥 194
개 102, 152
개구리 142, 161-2, 188
개미 51, 53, 102, 142, 188
거미 72, 86-7, 188
게 46
고고학자 108, 182
고래 139
고생물학자 76, 86
고추 176
고함 38
곤충 48, 86, 122, 197
골프공 55
곰팡이(균류) 48, 96, 102, 139, 187
공감각 114

공기 143
공기 저항 56
공룡 13, 86, 169, 176
공학자 96, 104
광물 50, 61, 193-4
구름 84, 134-5, 157
구름표범 102
구멍벌 154
국수 효과 113
국제 우주 정거장 59
굴 117
귀뚜라미 129, 195
귀지 44
그네 20
그림자 163
근육 175-6
금 41, 43, 60
금성 134
금속 60-1, 80, 83
기린 38-9, 162
기온 129
기저귀 16
기후 변화 191
깃털 56, 123, 169, 171
껌 89

꼬리 13, 35, 76, 90, 102
꿀벌 123

ㄴ

나노 기술 166
나무 6, 7, 17, 39, 43, 61, 73, 102, 157, 187
나무늘보 20
나방 190
나비 47, 130
나침반 140
낙타 38
난초 73
날씨 128-9
남극 78-9, 168, 177
냄새 114
뇌 22, 24, 31, 33, 80, 100, 102, 149, 165
눈(신체) 22, 24, 33-4, 38, 145-6, 150-1
눈(날씨) 115-8, 142, 190
눈사태 118

ㄷ

다이아몬드 39, 49, 59, 60
달 6, 27-8, 56, 72, 102-3, 119, 131-3, 143
달 나무 6, 73
달팽이 67, 191
닭 13, 121
대기 오염 162
대나무 106
대륙 123
대벌레 119

대왕쥐가오리 24
독 66-7, 89, 163
돌고래 139
돼지 12, 38
두통 24
둥지 72, 102, 154, 173
드라이아이스 84
드론 96, 135, 197
디지털 쌍둥이 198
땀 177, 190-1
땅콩버터 49
똥 6, 59, 78, 88, 119, 160, 191

ㄹ

라듐 64
레고 102
레드 스프라이트 128
레몬주스 103
로마인 38
로봇 182
로봇 부츠 21
로켓 104, 106-7
론칼리 서커스단 23
루비 194
루시 11

ㅁ

말벌 95
매너티 185
매미 196
머드 포트 38
먼지 39, 62, 72-3, 133, 143, 162
메기 72

메리 애닝 9
모기 177
목걸이레밍 116
목성 24, 142
몸 45
몽구스 189
몽유병 147
무릎 190
문어 25, 77, 144
물 87, 136-7, 178
물고기 35, 37, 72, 143, 177
미국 대통령 46
미국 항공 우주국 134, 147
미라 18, 31
미생물 83, 97, 176
밀랍 18

ㅂ

바다 68, 72
바다소 185
바닷가재 184
바비루사 103
바이러스 122
바이올린 139
바퀴벌레 143
박쥐 139, 190-1
반짝이 61
발 190
방광 44, 87
방사선 102
방아벌레 196
배기가스 73
배꼽 176
배터리 60

뱀 18, 34, 89, 90
버드네트 167
버섯 186-7
버터 180
벌거숭이두더지쥐 19
법의학 곤충학자 197
벼락 17, 73, 159
별 29, 60, 72, 141-2
보그(화산 스모그) 193
보르네오섬 162
부리 168, 176
북극 82
북극곰 125
북극광 93
북극성 141
북극여우 142
분변학자 88
분필 83
불꽃놀이 88
블랙홀 29, 71, 111-3
비 135-6, 142-3
비디오 게임 12, 147-8
비사얀워티피그 154
빅 벤 163
빅뱅 57
빅풋 110
빙하 103, 142, 177-8
빛 90, 92, 102-3, 112-3, 156, 178

ㅅ

사막바위쐐기풀 17
사파이어 50, 194
산소 25
산호 69

상어 19, 36, 94, 143, 151
상형 문자 30
새 10, 24, 72, 119, 120, 131, 140, 151, 155, 167-9, 173, 176
색깔 114
생각 32, 165-6
생물 발광 92
생체 공학 의수 165
석류석 51
석순 127
섬 거대화 87
성게 150
세균 81-2, 177, 191
세라티움 82
센소라마 22
소 177, 180
소금 62
소리 34, 38, 87, 114, 137, 139, 143
소행성 41
속눈썹 38
쇠똥구리 197
수박 눈 115
수소 원자 63
순록 38, 190
스마트워치 50
스몰 토 152
스톤헨지 108, 110
스파게티화 113
시계 26-7, 163
식물 14-7, 79, 187, 197
식물성 기름 38
실험실 59, 148
심장 31
씨앗 6, 7, 39, 73

##

아기 34
아마존 우림 142
아스피린 164
아이스크림 24, 88
아이슬란드 192
아일사 크레이그섬 126
아카시아 나무 39
아쿠아리우스 연구소 58
악어 13
알 25, 119, 120-1, 188
알렉산드라이트 194
알루미늄 73
암살자벌레 86
언어 99, 100
얼음벌레 142
에메랄드 50
에베레스트산 59, 127
에어로젤 62
에탄올 187
에펠탑 80
엘라스모사우루스 76
엠파이어 스테이트 빌딩 97
오로라 24-5
오줌 44, 184
오토바이 22, 152
온도 61, 119, 129, 142
완보동물 119
외계인 25, 74
용암 동굴 85
우렁쉥이 72
우리은하 29, 71
우림 79, 102, 142
우주 6, 39, 57, 63, 73-4, 129, 143, 173-5, 177

우주 비행사 6, 59, 85, 173-4
우주선 묘지 106
운모 61
워싱턴 기념탑 73
원소 64
원숭이 66, 127, 142
위장 72, 86-7, 177, 185
윙겐산 156
유골 11
유럽 입자 물리 연구소 57, 102
유리 61
유성(운석) 30, 40, 133
유에프오(UFO) 111
유칼립투스 43, 61
은하계 72, 163
의사 22
이 17-9, 66, 103, 176, 185
이끼 16, 103
이집트인 29, 30-1, 163
일식 131

##

자동차 38, 73, 187
자르댕 50
자수정 지오드 124
자외선 38, 90
자외선 차단제 38
잠 145-7
적도 162
전기 73, 93-5, 103, 135, 186
정원 26
정전기 72
종이접기 96
주기율표 64

중국 26, 104, 106, 140
중력 44, 72, 118, 174, 177
중성자별 60
쥐 103
지렁이 142-3, 160
지브롤터 암벽 127
지열 발전 192
진흙 38, 66
질소 159

##

차나무 160
참나무 17
천문 시계 27
천문학자 28, 74
청설모 80
청자고둥 66
초 39, 194
초원 122
추상화 166
치아 교정기 18
치약 64
치즈 176-7

ㅋ

카멜레온 76, 150
카페인 123
캐나다 123, 174
컬링 스톤 126
컴퓨터 97-9
코끼리 23, 35, 134, 146, 172
코알라 61
콘택트렌즈 23

큐빗 30
킬로노바 60
킴벌라이트 폭발 39

ㅌ

태양 129, 130-1, 162
태평양 86, 106
터키 108
털 142, 171-3
텅스텐 61
토끼 146
토네이도 128
토마토 39
토사물 142
토성 24
토양 159, 160
투탕카멘 30

ㅍ

파충류 76, 121, 171
페트로바이트 193
펭귄 78, 122, 123
평행 우주 110
풍동 58
풍력 발전 터빈 97
플라스틱 61, 187
플랑크톤 83
피 43, 46-7
피라미드 28-9
피스타치오 156

##

하와이 160
해마 185
해중 탐사원 58
해초 24
해파리 67, 92, 163, 185
핵 파스타 60
행성 24, 162
허드슨만 174
허파 162
헬륨 13, 142
헬리콥터 158
혈관 24, 45, 77
혜성 39, 40, 62
호박 48
호수 68
호주 141, 155-6
혹멧돼지 189, 190
화강암 126
화구 40
화산 38-9, 69, 86, 160, 191-3
화석 6, 9, 10-1, 76, 79, 168
화성 41, 83-5, 116
황산 가스 191
황철석 60
흑요석 192

기타

3D 프린터 168
K2-141B 86
LENS-X 풍동 58
S2 29

팩토피아를 만든 사람들

로즈 데이비드슨 글
오하이오 신시내티에 사는 작가이자, 편집자이자, 연구원입니다. 동물의 엉뚱한 행동, 우주의 멋진 현상들, 그 밖의 근사한 과학 이야기에 관해 글쓰기를 좋아해요. 로즈는 대학에서 인류학을 공부하면서 세계의 문화, 언어, 영장류에 관해 배웠어요. 로즈가 가장 좋아하는 팩트는 땅콩버터로 다이아몬드를 만들 수 있다는 것이에요.

앤디 스미스 그림
수상 경력이 있는 일러스트레이터입니다. 런던 왕립예술대학을 졸업했으며, 낙천적이고 따뜻한 손길이 느껴지는 그림을 그립니다. 《팩토피아 ⑤ 과학 상식》에 들어갈 그림을 그리면서 춤추는 식물에서부터 폭발하는 피스타치오까지 더 놀라운 사실들을 알게 되었어요. 꽁지깃을 흔드는 로맨틱한 공작을 그릴 때가 가장 즐거웠습니다. 그림을 그리는 기계가 있다는 것을 알고 자신이 더는 필요 없을까 봐 걱정했지만 디자이너 로렌스가 그에게 기계보다 더 잘 그린다고 격려해 주었어요.

로렌스 모튼 디자인
런던의 미술 감독이자 디자이너입니다. 현재까지 모튼의 가장 위대한 과학적 업적은 욕조에서 쓸 수 있는 알람을 만든 것이에요. 물이 위험 수위에까지 올라오면 알람이 울리지요. 모튼이 가장 좋아하는 팩트는 기계가 예술을 창조할 수 있다는 것이에요. 앤디 스미스에게는 말하지 않았지만 솔직히 꽤 흥분했답니다!

조은영 옮김
어려운 과학책은 쉽게, 쉬운 과학책은 재미있게 옮기려는 번역가입니다. 서울대학교 생물학과를 졸업하고 서울대학교 천연물과학대학원과 미국 조지아대학교 식물학과에서 공부했습니다. 이 책을 옮기면서 눈사태에 갇혔을 때 침을 뱉어서 위쪽 방향을 알 수 있다는 사실을 읽고 무릎을 탁 쳤어요. 《코드 브레이커》, 《10퍼센트 인간》, 《다른 몸들을 위한 디자인》, 《우주의 바다로 간다면》, 《언더랜드》, 《오해의 동물원》 등을 우리말로 옮겼습니다.

200쪽 퀴즈의 답
1-c, 2-q, 3-a, 4-p, 5-n, 6-r, 7-j, 8-b, 9-i, 10-s, 11-t, 12-h, 13-e, 14-f, 15-g, 16-d, 17-k, 18-l, 19-o, 20-m

참고 자료

과학자들과 전문가들은 항상 새로운 사실을 발견하고 정보를 업데이트합니다. 팩토피아 팀은 믿을 만한 여러 자료에 근거해 이 책에 나오는 모든 사실을 거듭 확인했습니다. 브리태니커 사실 확인 팀에게 확인도 받았습니다. 이 책을 쓰는 데 사용된 수백 가지 참고 자료 중에 중요한 몇 가지 웹사이트를 소개합니다.

언론사
가디언 theguardian.com
내셔널 지오그래픽 nationalgeographic.com
내셔널 지오그래픽 키즈 kids.nationalgeographic.com
내셔널 지오그래픽 협회 nationalgeographic.org
내셔널 퍼블릭 라디오 npr.org
뉴욕 타임스 nytimes.com / 디 애틀랜틱 theatlantic.com
로이터 reuters.com / 바이스 vice.com
복스 vox.com
사이언스 뉴스 sci-news.com
사이언티픽 아메리칸 scientificamerican.com
슬레이트 slate.com / 시넷 cnet.com
시드니 모닝 헤럴드 smh.com.au
와이어드 wired.com
워싱턴 포스트 washingtonpost.com
캐나다 방송 협회 cbc.ca
컨데 나스트 트래블러 cntraveler.com / 타임 time.com
ABC 뉴스 abcnews.go.com
BBC bbc.co.uk / BBC bbc.com / BBC 사이언스 포커스 sciencefocus.com
CBS 뉴스 cbsnews.com / CNN cnn.com
NBC 뉴스 nbcnews.com / USA 투데이 usatoday.com

정부, 과학 단체, 학술 단체
국립 오듀본 협회 audubon.org
국제 우주 정거장 국립 연구소 issnationallab.org
네이처 nature.com
메리엄-웹스터 사전 merriam-webster.com
미국 국립 공원 시스템 nps.gov
미국 국립생물공학정보센터 ncbi.nlm.nih.gov
미국 농무부 usda.gov / 미국 보석 연구소 gia.edu
미국 에너지부 energy.gov / 미국 의회도서관 loc.gov
미국 지질 조사국 usgs.gov / 미국 항공우주국 nasa.gov
미국 해양대기청 noaa.gov
브리태니커 백과사전 britannica.com
사이언스 sciencemag.org
사이언스다이렉트 sciencedirect.com
영국 왕립학회 출판부 royalsocietypublishing.org
유타 지질 조사국 geology.utah.gov
캐나다 우주국 asc-csa.gc.ca
클리블랜드 클리닉 clevelandclinic.org
JSTOR 전자 도서관 jstor.org

박물관과 동물원
미국 자연사 박물관 amnh.org
샌디에이고 동물원 animals.sandiegozoo.org
서호주 박물관 museum.wa.gov.au
스미스소니언 국립동물원 nationalzoo.si.edu
스미스소니언 매거진 smithsonianmag.com
스미스소니언 해양 포털 ocean.si.edu
스미스소니언 협회 si.edu
영국 국립 해양 수족관 national-aquarium.co.uk
영국 자연사 박물관 nhm.ac.uk
카네기 자연사 박물관 carnegiemuseums.org
토론토 동물원 torontozoo.com

대학
동물 다양성 웹 animaldiversity.org
매사추세츠 공과대학교 news.mit.edu
미시간 대학교 umich.edu / 스탠퍼드 대학교 stanford.edu
스탠퍼드 데일리 stanforddaily.com / 예일 대학교 yale.edu
오리건 주립대학교 oregonstate.edu
오하이오 주립대학교 osu.edu
워싱턴 대학교 washington.edu
일리노이 주립대학교 illinois.edu
캘리포니아 대학교 샌디에이고 ucsd.edu
코넬 대학교 cornell.edu
하버드 대학교 harvard.edu / 하와이 대학교 hawaii.edu

기타
국제 보석 협회 gemsociety.org
기네스 세계 기록 guinnessworldrecords.com
뉴 사이언티스트 newscientist.com
더 버지 theverge.com
디스커버 매거진 discovermagazine.com
라이브 사이언스 livescience.com
멘탈 플로스 mentalfloss.com
미국 국립야생동물연합 nwf.org / 사이언스 science.org
사이언스 데일리 sciencedaily.com
세계 자연 기금 호주 wwf.org.au / 스페이스 space.com
아이내추럴리스트 inaturalist.org
아틀라스 옵스큐라 atlasobscura.com
아프리카 야생 동물 보호재단 awf.org
야생 동물 보호협회 wcs.org / 유엔환경계획 unep.org
지질학 geology.com
파퓰러매커닉스 popularmechanics.com
파퓰러사이언스 popsci.com
해양 보전 센터 oceanconservancy.org
PBS pbs.org / Phys phys.org

사진 및 그림 출처

위(t), 왼쪽(l), 오른쪽(r), 가운데(c), 아래(b)

Cover Images: [TBC] p.2 coprid/123rf.com; p.6 Ken Backer/Dreamstime; pp.8-9 yegorovnick/Shutterstock; p.11tl Ken Backer/Dreamstime; p.11bc Sabena Jane Blackbird/Alamy; p.12 dennisvdw/iStockphoto; p.13 Sval77/Dreamstime; pp.14-15 Qpicimages/iStockphoto; p.16 YingtuArt/Shutterstock; pp.16-17 PhonlamaiPhoto/iStockphoto; p.19 Isselee/Shutterstock; p.21 Roman Samborskyi/Shutterstock; p.23 Svetlana Foote/Shutterstock (elephant/lion); p.23 Maria Itina/Dreamstime (horse); p.25 NotYourAverageBear/iStockphoto; p.27 Catarina Belova/Shutterstock; p.29 imageBROKER/Alamy; pp.30-31 Oleksii Donenko/Dreamstime; p.32 Ashwin Kharidehal Abhirama/Dreamstime; p.33 malerpaso/iStockphoto; p.34tl Darq/Shutterstock; p.34c Science Photo Library/Alamy; p.35 drasa/Shutterstock; p.37 Master1305/Shutterstock; p.39 Dic/iStockphoto; pp.40-41 ESA; pp.42-43 Wright Out There/Shutterstock; p.45 AntonioGuillem/iStockphoto; p.46 Jelly_Chanonkij/Shutterstock; p.47 samray/Shutterstock; p.48 pamela_d_mcadams/iStockphoto (powder); p.48 Viter8/Dreamstime (cricket); p.48 Bigpra/iStockphoto (weevil); p.48 Arisa Thepbanchornchai/Dreamstime (insect leg); p.49 Eivaisla/iStockphoto; p.50cr sommthink/Shutterstock; p.50bc Derek Anderson/Alamy; p.51 Jiri Vaclavek/Dreamstime (garnets); p.51 Siempreverde22/iStockphoto (desert); pp.52-53 Chris Cheadle/Alamy; p.54 Lightfieldstudioprod/Dreamstime; p.55 julichka/iStockphoto; p.56 Artsiom P/Shutterstock; p.58 Pakhnyushchyy/iStockphoto; p.61 Plainview/iStockphoto; p.62 Matejay/iStockphoto; p.64 ajt/iStockphoto; p.66 Minden Pictures/Alamy; p.67 Biosphoto/Alamy; p.69 Jolanta Wojcicka/Shutterstock; pp.70-71 Rawpixel/iStockphoto & Alamy; p.71 kipuxa/iStockphoto (cat); pp.74-75 denisik11/Shutterstock; p.76 Corona Tiercel/iStockphoto; p.78 Science History Images/Alamy; p.79 Mr.siwabud Veerapaisarn/Dreamstime; pp.80-81 lightpoet/Shutterstock; p.82tl ThomasVogel/iStockphoto; p.82b luchschen/123rf.com; p.83 Chernetskaya/Dreamstime; pp.84-85 StockByM/iStockphoto; p.87 Jo Reason/Dreamstime; p.88 Michael Flippo/Dreamstime; p.89cl Prostock-Studio/iStockphoto; p.89br Mark Kostich/iStockphoto; pp.90-91 David Kenny/iStockphoto; p.93 sjo/iStockphoto; pp.94-95 Vladimir_Kazachkov/Shutterstock; p.96 Vasily Popov/Dreamstime; p.100 Deagreez/iStockphoto; p.103 rod williams/Alamy; pp.104-105 Nikada/Getty Images; pp.106-107 FilippoBacci/iStockphoto; pp.108-109 acsen/Shutterstock; p.110 DroneShotStock/iStockphoto; p.111 coprid/123rf.com; pp.112-113 Jaysi/Dreamstime; p.113 Okolaa/Dreamstime; p.114 Max4e/Alamy; p.115 Nina B/Shutterstock; pp.116-117 Andreanita/Dreamstime; p.120 Picture Partners/Alamy; p.121 Picsfive/iStockphoto; p.122 Max Allen/Alamy; p.124 www.crystalcaves.com.au; p.126 Trismegist san/Shutterstock; p.127 typhoonski/iStockphoto; pp.128-129 Jason Persoff Stormdoctor/Getty Images; p.129 blickwinkel/Alamy; p.130 guvendemirnas/iStockphoto; p.131 Robert Michaud/iStockphoto; p.132 Abrill_/iStockphoto; p.133 Just_Super/iStockphoto; pp.134-135 Alexandrum/iStockphoto; p.136 amnarj2006/iStockphoto; pp.138-139 Voy/Alamy; p.140 Dethan Punalur/Getty Images; p.144 Juniors Bildarchiv GmbH/Alamy; p.145 Melissa Peltenburg-Schalke/Dreamstime; p.146 Sharomka/Shutterstock; p.147 Topgeek/Dreamstime; p.148 Dreamstimepoint/Dreamstime; p.150tl Sean Lema/Shutterstock; p.150bl SensorSpot/iStockphoto; p.152 Chernetskaya/Dreamstime; p.153 chrisbrignell/Shutterstock; p.155 Bildagentur Zoonar GmbH/Shutterstock; p.156 Corona Tiercel/Dreamstime; p.157 Robert Schwemmer/Alamy; pp.158-159 Johan63/iStockphoto; pp.160-161 sstarush/iStockphoto; p.162 Beth Miller/iStockphoto; p.163 TNT Magazine Pixate Ltd/Alamy; p.164tl Natalia Shabasheva/iStockphoto; p.164c SciePro/iStockphoto; p.166 Luismmolina/iStockphoto; p.167 gogo_b/iStockphoto; p.168 photosvit/iStockphoto; p.169 birdimages/iStockphoto; p.172 EyeEm/Alamy; p.175 skodonnell/iStockphoto; pp.178-179 EGG.K/Shutterstock; p.180 Christopher Scott/Alamy; p.181 Suwin/Shutterstock; pp.182-183 Pawe? Borówka/Shutterstock; p.185 Vladimir Wrangel/Shutterstock; p.186 Pixelimage/iStockphoto; p.188 blickwinkel/Alamy; p.189 blickwinkel/Alamy; p.191 jeffhochstrasser/iStockphoto; pp.192-193 ImageBROKER/Alamy; p.194tl Igor Kaliuzhny/Dreamstime; p.194tcr Mikheewnik/Dreamstime; p.195cl antoniotruzzi/iStockphoto; p.195cr AIDAsign/Shutterstock; pp.196-197 Pasopvirpot/Dreamstime; p.197tr heibaihui/iStockphoto; p.198 Khosrork/iStockphoto.

팩토피아 ❺ 과학 상식
꼬리에 꼬리를 무는 400가지 사실들

초판 1쇄 인쇄일 2023년 4월 28일
초판 1쇄 발행일 2023년 5월 20일

글 로즈 데이비드슨 그림 앤디 스미스 옮김 조은영

발행인 윤호권
사업총괄 정유한
편집 이지혜(김민영) 디자인 정은지 마케팅 서승아
발행처 (주)시공사 주소 서울시 성동구 상원1길 22, 6-8층 (우편번호 04779)
대표전화 02-3486-6877 팩스(주문) 02-585-1247
홈페이지 www.sigongsa.com / www.sigongjunior.com

Science FACTopia Written by Rose Davidson, Illustrated by Andy Smith
ⓒ 2023 Title five: Science FACTopia
Text ⓒ 2023 What on Earth Publishing Ltd. and Britannica, Inc.
Illustrations ⓒ 2023 Andy Smith
All rights reserved.
Korean translation rights ⓒ 2023 by Sigongsa Co., Ltd.
Korean translation rights are arranged with What on Earth Publishing Ltd.
through AMO Agency Korea.

이 책의 한국어판 저작권은 AMO 에이전시를 통해 저작권자와 독점 계약한 (주)시공사에 있습니다.
저작권법에 의해 한국 내에서 보호를 받는 저작물이므로 무단 전재와 무단 복제를 금합니다.

ISBN 979-11-6925-410-6 74030
ISBN 979-11-6925-405-2(세트)

*시공사는 시공간을 넘는 무한한 콘텐츠 세상을 만듭니다.
*시공사는 더 나은 내일을 함께 만들 여러분의 소중한 의견을 기다립니다.
*잘못 만들어진 책은 구입하신 곳에서 바꾸어 드립니다.

KC마크는 이 제품이 공통안전기준에 적합하였음을 의미합니다.
제조국 : 대한민국   사용 연령 : 8세 이상
책장에 손이 베이지 않게, 모서리에 다치지 않게 주의하세요.